Die Macht der Grenzen

Praktische Techniken, um Nein zu Sagen, Klare Grenzen zu Setzen, Respekt Aufzubauen und die Kontrolle über Dein Leben Zurückzugewinnen, Ohne Schuldgefühle

Logan Mind

© URHEBERRECHT 2024 - ALLE RECHTE VORBEHALTEN. 4

Ein Geschenk für dich! 5

Andere Bücher 7

Hilf mir! 8

Werde Teil meines Rezensionsteams! 10

Einleitung 12

Kapitel 1: Grenzen verstehen 14

Kapitel 2: Die Grundlage gesunder Grenzen 22

Kapitel 3: Die Psychologie der Grenzen 32

Kapitel 4: Arten von Grenzen 42

Kapitel 5: Gesetze der Grenzen 50

Kapitel 6: Die Kunst des Neinsagens 60

Kapitel 7: Klare Grenzen setzen 72

Kapitel 8: Gegenseitigen Respekt aufbauen 84

Kapitel 9: Grenzen in familiären Beziehungen 96

Kapitel 10: Grenzen in romantischen Beziehungen 107

Kapitel 11: Grenzen am Arbeitsplatz 119

Kapitel 12: Grenzen in Freundschaften 130

Kapitel 13: Grenzen aufrechterhalten und anpassen........................ 141

Zum Abschluss... 153

Werde Teil meines Rezensionsteams!... 155

Hilf mir!.. 157

© URHEBERRECHT 2024 - ALLE RECHTE VORBEHALTEN.

Der Inhalt dieses Buches darf ohne ausdrückliche schriftliche Genehmigung des Autors oder des Verlags nicht reproduziert, vervielfältigt oder übertragen werden. Unter keinen Umständen werden der Verlag oder der Autor für Schäden, Wiedergutmachungen oder finanzielle Verluste haftbar gemacht, die direkt oder indirekt durch die in diesem Buch enthaltenen Informationen entstehen.

RECHTLICHER HINWEIS:

Dieses Buch ist urheberrechtlich geschützt. Es ist nur für den persönlichen Gebrauch bestimmt.

Sie dürfen keinen Teil oder den Inhalt dieses Buches ohne die Zustimmung des Autors oder des Verlags ändern, verteilen, verkaufen, verwenden, zitieren oder umschreiben.

Ein Geschenk für dich!

Emotionale Intelligenz für sozialen Erfolg

Hier ist, was du in dem Buch finden wirst:

• Lerne, wie **emotionale Intelligenz** dein soziales Leben verbessern kann.

• Entdecke praxisnahe **Techniken** zur besseren Zusammenarbeit mit anderen.

• Entwickle tiefere **Verbindungen** in deinen persönlichen und beruflichen Beziehungen.

Klicke oder folge dem unten stehenden Link, um sofort Zugang zu deinem **kostenlosen** Buch zu erhalten:

https://pxl.to/loganmindfreebook

Lade dir auch deine 3 KOSTENLOSEN EXTRAS herunter!

Begleite dein neues **Wissen** mit diesen ergänzenden Ressourcen, die dir helfen werden, das Gelernte im Buch effektiv umzusetzen. Diese Extras sind der perfekte **Startpunkt**, um deine persönliche Reise zu beschleunigen und deine Grenzen zu erweitern:

Die Extras sind:

• Ein herunterladbares und praktisches PDF mit einer 21-Tage-**Challenge** zu dem Buch.

• 101+ Abgrenzungsaffirmationen

• Persönliche Abgrenzungs-Checkliste

Klicke oder folge dem unten stehenden Link, um sofortigen **Zugriff** auf die Extras zu erhalten:

https://pxl.to/11-tpob-lm-extras

Andere Bücher

Herzlichen Dank, dass du dich für dieses **Buch** entschieden hast. So wie du den Weg zu "Calm Your Mind NOW!" gefunden hast, warten auf dich viele weitere **Bereicherungen** in meinen anderen Büchern.

Vielleicht möchtest du **Gleichgewicht** in hektischen Zeiten finden? „Letting Go" und „Rewire Your Brain" helfen dir dabei, den **Geist** zu klären und Selbstbeschränkungen abzulegen.

Falls du **Schwierigkeiten** im sozialen Umgang erlebst, könnte „Overcoming Social Anxiety" genau das Richtige für dich sein. Oder kämpfst du gerade mit den Nachwirkungen familiärer Belastungen? Lies in meinem Werk „How to Heal from Family Trauma" über die möglichen Wege zur **Heilung**.

Für ein klares **Selbstbild** empfehle ich dir „You Are Amazing" aus der Serie „Improve Yourself NOW". Lass dich inspirieren, du selbst zu sein und steigere dein **Selbstbewusstsein**.

Bei Fragen oder Anregungen habe ich immer ein offenes Ohr.

Check out all my books and contacts here:

https://pxl.to/LoganMind

Hilf mir!

Wenn du das Buch zu Ende gelesen hast, möchte ich mich von Herzen für deine Zeit und dein Interesse bedanken.

Deine Meinung bedeutet mir unglaublich viel. Als unabhängiger Autor ist es mein Traum, **Geschichten** zu schreiben, die berühren und inspirieren. Feedback von Lesern wie dir hilft mir, meine Arbeit zu verbessern und noch mehr Menschen Freude zu bereiten.

Wenn du zufrieden warst, würde ich mich sehr über eine ehrliche **Bewertung** von dir freuen. Deine Meinung, egal ob positiv oder mit Vorschlägen zur Verbesserung, hat einen enormen Einfluss! Mit nur wenigen Worten kannst du anderen Lesern helfen und einen großen Unterschied für mich machen.

- Warst du zufrieden?

- Hat dir das **Buch** gefallen?

- Möchtest du anderen Lesern helfen, das richtige Buch zu finden?

Wenn du lieber direkte Anmerkungen oder Verbesserungsvorschläge machen möchtest, kannst du mir auch gerne eine **E-Mail** senden. Mehr Details dazu findest du auf der unten angegebenen Seite.

Es dauert nur wenige Sekunden, aber deine **Stimme** hat eine große Wirkung.

Besuche diesen Link, um eine Bewertung zu hinterlassen:

https://pxl.to/11-tpob-lm-review

Werde Teil meines Rezensionsteams!

Zunächst einmal ein herzliches **Dankeschön**, dass du mein **Buch** liest. Es bedeutet mir sehr viel, dass du dir die Zeit nimmst, dich mit meinen Worten auseinanderzusetzen.

Falls du gerne liest und immer auf der Suche nach neuen **Geschichten** bist, habe ich ein spannendes **Angebot** für dich: Werde Teil meines exklusiven **Rezensionsteams**! Als Mitglied kannst du vor allen anderen meine neuesten Bücher als kostenloses Rezensionsexemplar erhalten. Alles, was ich im Gegenzug von dir wünsche, ist eine ehrliche **Meinung – Feedback**, das mir wirklich weiterhilft.

Der Weg zu deinem kostenlosen Rezensionsexemplar:

• Klicke auf den unten stehenden Link.

• Melde dich an, um benachrichtigt zu werden, sobald ich ein neues Buch veröffentliche.

• Lade das Buch herunter und teile deine Gedanken.

Das Team findest du hier:

https://pxl.to/loganmindteam

Einleitung

Warum fällt es dir denn manchmal so schwer, einfach mal "Nein" zu sagen? Oder **Grenzen** zu ziehen, ohne dass dich die Schuldgefühle sofort unter Beschuss nehmen? Keine Sorge, damit bist du nicht allein. Viele von uns kämpfen damit, klare Grenzen zu setzen – sei es bei der Arbeit, in der Familie oder in unseren **Beziehungen**. Ich auch. Seit Jahren studiere und arbeite ich im Bereich Psychologie und **Kommunikation**, und über die Jahre hinweg habe ich eines gemerkt: Grenzen sind nicht nur wichtig, sie sind unverzichtbar. Das hat auch einen Teil des Anstoßes für dieses Buch gegeben.

In diesem Buch geht's aber nicht nur bloß um Grenzen als Konzept. Sagen wir's mal so: Grenzen sind nicht rigide, sondern vielmehr flexible, unscheinbare Linien, die dir helfen, deine **Identität** zu wahren und dich in der Welt zu orientieren. Und du weißt, wie leicht es ist, diese Linien zu verwischen, gerade wenn das Leben mal wieder alles von dir will. Ich werde dir hier zeigen, wie du selbstbewusst sagen kannst "Bis hierhin und nicht weiter" – aber auch wie du zur richtigen Zeit "Ja" sagst, wenn es dir guttut. Denn darum geht's doch, oder?

Wenn du dich fragst, wieso ich dieses Thema so vehement verfolge, dann lass mich erklären: Aus meiner Arbeit und unzähligen Coaching-Sessions weiß ich, dass unklare oder fehlende Grenzen in vielen Lebensbereichen schwerwiegende Folgen haben können. Menschen verlieren ihre Wertigkeit im **Arbeitsalltag**, fühlen sich in familiären Rollen aufgerieben oder einfach emotional ausgelaugt durch Beziehungen, die von Ungleichgewicht geprägt sind. Klingt das bekannt? Diese Situationen rauben nicht nur Energie, sondern beeinträchtigen das **Selbstwertgefühl** massiv.

Es gibt aber Auswege. Das Buch gibt dir genau die **Werkzeuge** an die Hand, die ich über Jahre hinweg entwickelt und getestet habe, um die eigenen Grenzen besser zu verstehen und durchzusetzen. Jeder, der gelernt hat, wofür er eigentlich steht und worauf er Wert legt, erkennt plötzlich: "Moment mal, das ist ja ein Kraftraum für meine Bedürfnisse!" Und genau das wird hier vermittelt – eine Möglichkeit, deine Grenzen nicht nur zu kennen, sondern sie auch immer wieder zu festigen.

Grenzen setzen, ohne sich schuldig zu fühlen – ist das überhaupt möglich? Klar, wir kennen es doch alle: Jemand fragt nach einem Gefallen, und koste es, was es wolle, sagst du "Ja". Dein Bauch hat allerdings ein ungutes Gefühl, aber da sind die Schuldgefühle schon am Finger schweben. Und schließlich, wie oft schon hast du jemandem nachgegeben, nur um es später zu bereuen? Dann kommen Selbstvorwürfe, aber keine Lösungen. Das will ich ändern.

Klar verstehe ich auch, dass nicht alle meinen Ansichten sofort zustimmen werden. "Wie hart muss man die eigenen Grenzen ziehen, ohne egoistisch zu sein?" oder "Was passiert mit den Beziehungen, die wichtig für mich sind?" Das sind berechtigte Fragen. Diese stellst du dir bestimmt auch. Natürlich wirst du an Situationen vorbeikommen, in denen jemand sich an deinen neuen Grenzen stößt. Das Ganze erfordert ein wenig Feingefühl und echten Mut. Aber mal ehrlich, was hast du zu verlieren, außer schlechte Dynamiken, die dich sowieso belasten?

Zum Ende noch ein Gedanke: Dieses Buch ist nicht die übliche Lektüre voller Belehrungen. Es soll dir helfen, ein Gefühl der **Ermächtigung** zu entwickeln, statt überwältigt zu werden. Was du am Ende lernen sollst? Die Fähigkeit, du selbst zu sein, verbunden mit dem Wissen, dass du wertvoll bist - nicht trotz deiner Grenzen, sondern dank ihnen. Lass uns gemeinsam herausfinden, wie viel du gewinnen kannst, sobald du die Kontrolle über deine Grenzen wieder allein bestimmst.

Kapitel 1: Grenzen verstehen

Stell dir vor, du stehst an einem **Scheideweg** in deinem Leben und weißt nicht so recht, welche Richtung du einschlagen sollst. Genau in solchen Momenten komme ich ins Spiel und helfe dir, den Nebel ein bisschen zu lichten. Und hier wird's spannend: Was, wenn ich dir sage, dass deine Vorstellung von **Grenzen** komplett anders sein könnte, als du denkst? Ich wette, du hast schon oft gehört, dass Grenzen "nützlich" sind, aber was, wenn diese **Einschränkungen**, die du spürst, eher Schutzschilde als Hindernisse wären?

In diesem Kapitel nehme ich dich an die Hand und zeige dir, wie du – ganz ohne großen Stress – ein besseres **Verständnis** über Grenzen und ihren Wert gewinnen kannst. Das könnte deine **Sichtweise** für immer verändern. Klingt das interessant? Na dann, lass uns mal zusammen schauen, was da so alles in dir steckt.

Vielleicht fragst du dich jetzt, wie genau wir das angehen werden. Keine Sorge, wir werden Schritt für Schritt vorgehen und gemeinsam erkunden, wie Grenzen dein **Leben** beeinflussen. Du wirst lernen, sie nicht als Barrieren zu sehen, sondern als **Werkzeuge**, die dir helfen können, dich selbst besser zu verstehen und zu schützen.

Also, bist du bereit für diese spannende **Reise**? Lass uns gemeinsam entdecken, wie du deine Grenzen nutzen kannst, um dein volles Potenzial zu entfalten. Es wird aufregend, das verspreche ich dir!

Was sind Grenzen?

Grenzen—klingt schon irgendwie hart, oder? Aber nach ein bisschen Nachdenken merkst du, dass wir ständig über persönliche Grenzen stolpern. Denn die haben sozusagen eine richtige **Rolle** im Kopf. Grenzen sind diese unsichtbaren Linien, die du um dich ziehst, um dein psychisches **Wohlbefinden** zu schützen. Diese Linien sagen, was okay für dich ist und was nicht. Und wenn du ehrlich bist, ohne diese Linien... Ja, dann wärst du vielleicht ständig gestresst oder genervt.

Jeder von uns hat seine eigenen Grenzen. Mal sind sie klar definiert, mal eher verschwommen. Aber in jedem Fall helfen sie dir in gewisser Weise den Überblick zu behalten, um deinen **Geist** ruhig zu halten. Wenn jemand deine persönlichen Grenzen achtet, gibt dir das ein Gefühl der Sicherheit und Kontrolle. Der Clou dabei ist, dass nicht jeder dieselben Grenzen hat – das macht dich einzigartig.

Aber wie erkennst du eigentlich, was deine eigenen Grenzen sind? Eine gute Möglichkeit ist, dich selbst zu fragen: Was willst du wirklich zulassen? Sei es, wie nah jemand an dich herankommt, welche Art von Witzen für dich okay ist, oder wie viele **Aufgaben** du auf einmal übernehmen kannst. So herrschst du über deinen eigenen Kopf und wie du dich fühlst. Ah und: Grenzen sind nicht „fix". Die können sich je nachdem, wie gut es dir geht, verschieben.

Apropos Verschiebung – dasselbe gilt ja auch für die unterschiedlichen Arten von Grenzen.

Wenn du über all das nachdenkst, merkst du bald, dass es verschiedene Arten von Grenzen gibt, die dich beeinflussen können. Gucken wir uns das mal an.

Es gibt nämlich physische, emotionale und mentale Grenzen. Die physischen – die siehst du, wenn jemand dir einfach zu nah kommt. Dieses Gefühl, wenn jemand in deinem persönlichen „Space" herumschnüffelt... nicht so angenehm, oder? Physische Grenzen sind daher meistens ganz klar spürbar. Wenn du zum Beispiel das **Bedürfnis** hast, einen Schritt zurückzugehen, sobald jemand „zu nah" bei dir steht, dann wusste dein Körper schon Bescheid.

Denken wir jetzt mal an emotionale Grenzen. Das sind die Momente, in denen du dich entschieden fühlst, deine **Gefühle** nicht einfach auf dem Tisch auszubreiten. Stell dir vor, du machst einen Härtetest und sagst jemandem - vielleicht außer engen Freunden - einfach mal nicht alles. Ja, das ist deine emotionale Grenze. Die schützt dich davor, verletzt zu werden oder etwas zu teilen, das du noch für dich behalten magst. Ganz praktisch also.

Und dann kommen da noch die mentalen Grenzen. Also sowas wie dein innerer Filter. Er schützt deine Gedanken und Meinungen. Diese Art Grenzen sind wie eine Art „geistiges Schloss", das dir erlaubt, zu sagen: „Das ist für mich zu viel" oder „Diese Diskussion führe ich nicht weiter". Denn wenn du bei jedem Gespräch Energien reinbutterst, ohne auf diese mentalen Begrenzungen zu achten, wird's echt anstrengend.

Fast alles hat irgendwie seine Bedeutung. Also jetzt gerade hast du ein bisschen darüber nachgedacht, wie klar sich diese Grenzen auf dein Leben auswirken können. Mal ehrlich, es wäre unmöglich ohne solche Grenzen zu funktionieren.

Von Grenzen zu sprechen, lenkt uns nun zu den Optionen, vor denen du stehst – weil eben gesunde Grenzen nicht aus Spaß da sind. Die sollen Aufschluss darüber bringen, wie wertvoll du dich selbst hältst und was für **Beziehungen** du pflegst.

Wie cool ist es, wenn du diese Grenzen so setzt, dass sie eigentlich deine Beziehungen stärken? Indem du eben sagst, wo's langt. Da fängt ja alles an – bei den starken Beziehungen. Ja, starken Beziehungen?! Richtig gehört!

Grenzen sind wie Stellen, an denen die **Kommunikation** transparent und besonders wird. Gibt dir auch irgendwie so einen extra Kick. Denn wer weiß... am Ende machst du dir nicht nur selbst damit 'nen riesigen Gefallen, sondern förderst auch (mal mehr, mal weniger) Respekt zwischen zwei Menschen zu bauen. Ach und noch zum Schluss: Das Beste, was du tun kannst, ist, bei den Grenzen, die du setzt, das Zeichen zu sehen, wie sehr du dich selbst schätzt.

Identifizierung deines aktuellen Grenzzustands

Wann hast du das letzte Mal das Gefühl gehabt, dass du selbst gar nicht mehr im **Fahrersitz** deines eigenen Lebens sitzt? Oder dass andere Leute ständig entscheiden, was du tun sollst – so, als ob du kaum noch Raum für dich selbst hast? Kann gut sein, dass in diesen Momenten deine persönlichen **Grenzen** entweder ziemlich schwach oder so gut wie nicht vorhanden waren. Manchmal merkst du das gar nicht sofort, aber es gibt klare Anzeichen dafür.

Zum Beispiel, wie oft passiert es dir, dass du Ja sagst, obwohl du in deinem Innersten Nein denkst? Oder dass du ständig die **Bedürfnisse** anderer über deine eigenen stellst? Sehr wahrscheinlich spürst du dann den Stress und die Überforderung, die dich heimlich auslaugen. Und wenn das regelmäßig passiert, dann fängst du an, deine eigene **Lebensqualität** zu opfern. Diese Situationen zeigen meist an, dass da irgendein Ungleichgewicht herrscht – da fehlt etwas. Geraten hier Dinge in deinem Leben ins Chaos? Vielleicht war's genau der Moment, in dem deine Grenzen den Bach runtergegangen sind.

Als Nächstes fehlt dir vielleicht das **Bewusstsein**, wann jemand deine Grenze überschreitet. Manchmal sind Grenzverletzungen so schleichend, dass du es selbst erst gar nicht merkst. Vielleicht fragt dich jemand ständig nach Gefallen oder nutzt dich als emotionalen Mülleimer. Das fühlt sich irgendwie manipulativ an oder so, als würdest du nur in Notfällen gebraucht. Diese Art von Grenzverletzungen dringt häufig sehr tief ins Bewusstsein ein und wirkt sich negativ auf dein eigenes psychisches **Wohlbefinden** aus. Es ist schwierig, bei sowas stabil zu bleiben. Manche Leute schleppen ein anhaltendes Gefühl der Gereiztheit, Müdigkeit oder gar Zynismus mit sich herum – und all das nur, weil sie ihre persönlichen Grenzen nicht mehr richtig einschätzen können. Das sind Auswirkungen, die ganz schön in die Substanz gehen.

Jetzt die Frage: Wie stark sind eigentlich deine Grenzen? Um das herauszufinden, empfehle ich dir ein paar einfache Techniken. Zuerst mal, überleg dir, ob du dich leicht beeinflussen oder bedrängen lässt. Kannst du klar und direkt sagen, wenn dir etwas nicht passt, oder schluckst du meistens alles runter? Wie sieht's mit den sozialen Medien aus: Erwischst du dich vielleicht öfters dabei, dich in Erwartungshaltungen anderer zu verstricken? Oder hast du schon das Gefühl, dass du eine gute Balance gefunden hast und dir dein Raum wichtig ist? Diese und ähnliche Fragen können dir dabei helfen abzuschätzen, wie gut deine Grenzen aktuell aufgestellt sind.

Schau auch einmal bewusst auf deine **Reaktionen** im Alltag. Wenn du häufiger Schuldgefühle hast, obwohl du einfach nur für dich selbst eingetreten bist, könnte das ein Indikator sein. Oder erkennst du, wie schnell du aus der Spur gerätst, wenn jemand an dir rumkritisiert? Prüfe das! Je klarer du eigene Grenzen ziehen kannst, desto stabiler wirst du dich auch innerlich fühlen. Bist du im Gleichgewicht? Oder gibt es Schwachstellen, die angegangen werden müssen?

Deine aktuellen Reaktionen, welches soziale Umfeld dir behagt oder nicht und eben all die kleinen Hinweise geben dir deutliche Rückmeldung über deinen gegenwärtigen **Grenzzustand**. Und hier solltest du handeln, falls nötig. Denn es geht um dein Wohlbefinden, um dein eigenes Ich, das sich nicht einfach so weggeben lässt.

Sich selbst und die eigenen Grenzen zu kennen, das ist wie Fundament und Schutzschild zugleich – beides brauchst du auf festem Boden.

Häufige Missverständnisse über Grenzen

Es gibt dieses hartnäckige Missverständnis, dass **Grenzen** egoistisch oder gar gemein sind. Kennst du das? Wenn du jemandem sagst „Nein, das geht so nicht" oder etwas klar für dich abgrenzt, dann wird das schnell als egoistisch abgestempelt. Manche haben das Gefühl, dass Grenzen Stellen deiner Persönlichkeit markieren, die lieber verschwinden sollten. Aber das ist unfair – und einfach falsch. Grenzen zu setzen bedeutet nicht, dass du abweisend oder gefühlskalt bist. Es heißt nur, dass du für dich selbst sorgst und respektierst, was dir wichtig ist. Denn dich ständig aufzureiben und es jedem Recht zu machen... das geht auf Dauer doch gar nicht, oder?

Wenn du keine Grenzen setzt, wirst du irgendwann total **erschöpft** sein – oder verbittert, weil du ständig übergangen wirst. Das ist nicht schön für dich und – am Ende des Tages – auch nicht für die Menschen, die dir wichtig sind. Also, beschütze deinen Raum. Und tu das ab jetzt mit dem Wissen, dass das alle Beteiligten auf die Dauer sogar weiterbringt.

Manchmal hörst du auch: „Grenzen sind nicht mit **Liebe** vereinbar; sie schränken uns ein." Kaum auszuhalten dieser Satz, oder? Als würde Liebe einen Freifahrtschein für alles bedeuten. Liebe braucht keine Mauern, klar – aber auch keine Belagerung! Das Gute daran ist, dass Grenzen gerade dabei helfen, echte **Verbindungen** zu fördern. Eigentlich machen gerade sie Beziehungen aus. Wenn du weißt, wo dein Freund steht – und umgekehrt –, gibt es Raum für Vertrauen. Respekt, Austausch, gemeinsame Werte, all das wird möglich, weil jeder weiß, wo der andere noch „manövrierfähig" ist und was zu Reibung führen könnte. Und wenn klar ist, wie man gesund zusammenleben kann, vermeidet das viele Missverständnisse.

Stell dir vor, eine Grenze ist eine klare **Abmachung**. Ohne Absichten oder Gefühle zu verstecken. Und liebe deine Verbindungen mehr, indem du klar bei der Sache bist. Am Ende schafft genau das mehr Nähe – weil keiner mehr auf Zehenspitzen durch die Gegend huschen muss und ihr wisst, worauf ihr euch bei einander verlassen könnt. Es entsteht ein Gefühl von Zusammenhalt und gegenseitigem Verständnis. Grenzen bedeuten also nicht Kontrolle. Vielmehr ermöglichen sie **Freiraum**, für dich und diejenigen, die dir wichtig sind.

Nun kommt das große Thema: Verwechsle gute Grenzen aber nicht mit starren Barrieren. Oft denken Menschen bei „Grenzen" an steife oder unflexible Regeln. Die Art, die unmaßgeblich oder gar diktatorisch erscheinen kann. Aber wirklich gesunde Grenzen haben was Dynamisches an sich. Sie geben Raum für **Bewegung**. Entsprechend der Situation, den Menschen – sie können sich leichter nach dem Umfeld lockern oder verstärken.

Es ist, als ob du eine Hütte wärst, in der das Tim und Struppi-Häuschen manchmal offene Fenster, manchmal feste Verschlüsse hat. Gesund bleibst du nämlich dann, wenn du erkennst, wann du Einstellungen ändern musst, je nach Anlass, ohne dabei Unsicherheiten zu schaffen. Stabile Beziehungen brauchen Nuancen aus Vertrauen und **Flexibilität** – das ist das Geheimnis.

Man könnte sagen, es geht nicht nur darum, irgendetwas kategorisch durchzuboxen. Es ist viel mehr ein Balanceakt darauf, dem anderen Sicherheit zu gewähren – ohne den Lockdown zu veranstalten. Worst Case wäre eine Grenze, die zum Gefängnis mutiert – oder eben so porös ist, dass sie gar nicht funktioniert. Deshalb: Sinnvoll festsetzen, reflektierend gestalten und offen doch geschützt miteinander umgehen. Setz dabei Wünsche um ohne harte Wände hochzuziehen und heb das **Verbindende**.

Zum Schluss

Dieses Kapitel hat dir gezeigt, wie **wichtig** es ist, klare **Grenzen** in deinem Leben zu setzen, um deine Beziehungen und dein **Wohlbefinden** zu schützen. Du hast einen Blick darauf geworfen, was Grenzen eigentlich sind, warum sie so bedeutsam sind und wie sie dein **Selbstbewusstsein** stärken können. Hier sind einige wichtige Punkte, die du aus diesem Kapitel mitnehmen kannst:

In diesem Kapitel hast du gelernt:

• Was persönliche Grenzen sind und wie sie dir helfen, gesund und stark zu bleiben.

• Dass es verschiedene Arten von Grenzen gibt, wie körperliche, emotionale und mentale.

• Wie gesunde Grenzen dazu beitragen können, deine **Beziehungen** und dein **Selbstwertgefühl** zu stärken.

• Dass es notwendig ist, dir über deine eigenen aktuellen Grenzen klar zu werden und wie du sie verbessern kannst.

• Dass es einige falsche Vorstellungen über Grenzen gibt und warum es wichtig ist, diese Missverständnisse aufzudecken.

Zum Abschluss ist es wichtig, dass du das Gelernte anwendest. Klare Grenzen zu setzen ist ein aktiver Schritt zu einer gesünderen und erfüllten **Lebensweise**. Fang an, deine **Bedürfnisse** und Gefühle zu respektieren, und du wirst feststellen, wie positiv sich das auf alle Bereiche deines Lebens auswirken kann!

Kapitel 2: Die Grundlage gesunder Grenzen

Hast du jemals das Gefühl gehabt, dass deine eigenen **Bedürfnisse** irgendwo auf der Strecke bleiben? Ich habe genau das auch erlebt. Du arbeitest, kümmerst dich um andere, und plötzlich merkst du: Irgendwie kommst du selbst viel zu kurz. Dieses Kapitel wird dir dabei helfen, sofort dich und deine **Werte** besser zu verstehen. Machen wir uns nichts vor – es kann schwer sein, herauszufinden, wo deine **Grenzen** liegen. Aber glaub mir, wenn du dich erst mal intensiv damit auseinandersetzt, könnte sich deine **Wahrnehmung** vielleicht komplett verändern.

Und, was wirklich wichtig ist: Es geht nicht nur darum, zu wissen was du brauchst, sondern auch darum die **Kraft** zu finden, "Nein" sagen zu können. Plötzlich fällt dir auf: Du brauchst keine **Erlaubnis** von anderen, um die Person zu sein, die du wirklich bist. Das Beste daran? Du lernst, deine eigenen **Entscheidungen** zu treffen und für dich selbst einzustehen. Es ist ein Prozess, aber mit jedem Schritt wirst du **selbstsicherer**.

Bleib dran – es lohnt sich wirklich! Du wirst sehen, wie befreiend es sein kann, wenn du anfängst, deine Grenzen zu setzen und zu respektieren. Es ist wie eine Superpower, die du langsam aber sicher entwickelst. Also, lass uns gemeinsam daran arbeiten, okay?

Selbstwahrnehmung und persönliche Werte

Wenn du gesunde **Grenzen** setzen willst, geht's erst mal darum, dich selbst besser kennenzulernen. Klingt einfach, ist aber oft gar nicht so leicht. Es bedeutet, dass du genauer hinschauen musst: Wie fühlst du dich in bestimmten Situationen? Warum reagierst du so, wie du es tust? Und, was immer wichtiger wird, welche **Bedürfnisse** hast du eigentlich? Mit geschärfter Selbstwahrnehmung fällt es dir viel leichter, klare Grenzen zu setzen und auch daran festzuhalten. Wenn du zum Beispiel merkst, dass dich etwas belastet oder auslaugt, dann signalisiert dir genau das, dass du darauf hören solltest.

Selbstbewusstsein bei der Grenzsetzung bedeutet auch, zu erkennen, wann dir etwas zu viel wird. Das bringt uns zu dem Punkt, dass es völlig okay ist, "Nein" zu sagen. Aber dafür musst du dir eben erst mal klar sein, dass du dich in einer Situation befindest, wo es zu viel wird. Die Kunst dabei ist, nicht immer sofort Ja zu sagen, nur um anderen zu gefallen oder Konflikte zu vermeiden. Auch das Zugeben, dass du gerade ermüdet oder überfordert bist, gehört zu einem bewussten **Selbstverständnis**. Und das setzt dir die nötigen Schranken, bevor du überhaupt den Punkt erreichst, selbst über deine Grenzen zu stolpern.

Apropos: Zu wissen, wann eine Grenze gebraucht wird, ist Gold wert. Es schafft nämlich Klarheit und versetzt dich in die Lage, das eigene Wohl stärker in den Fokus zu setzen. Der Clou liegt jedoch darin, wirklich darauf zu achten und zu bestimmen, wo bei dir persönlich die Linie gezogen wird. Zugang zu sich selbst zu finden ist also ein Muss – daraus wächst nämlich die **Power** für deine "Nein"-Momente.

So, und hier kommt der nächste Baustein ins Spiel, nämlich deine Kernwerte. Wenn du diese gefunden hast, leiten sie dich fast wie ein innerer Kompass. Und wer diesen Kompass nutzt, spart im normalen Crazy-Busy-Leben 'ne ganze Menge Energie. Sagen wir mal so: Wenn Ehrlichkeit einer deiner Kernwerte ist, wird's automatisch schwierig für dich, in jeder Situation unehrlich zu sein, nur um unangenehmen Konfrontationen zu entgehen. Deine **Werte** bestimmen, wie weich oder stark deine Grenzen verlaufen.

Das echte Verständnis darüber, was dir am Herzen liegt, bleibt also essenziell, um deine Standpunkte klarzumachen. Deinen Koordinaten kommt außerdem eine enorme Rolle zu, denn auf ihnen baust du all deine künftigen **Entscheidungsprozesse** auf. Natürlich ändern sich deine Werte im Laufe des Lebens und mit ihnen auch deine Entscheidungen, innerlich ticken bleibt trotzdem das A und O. Wenn du also selbst davon überzeugt bist, dass Ehrlichkeit dein wahrer Wert ist, dann erklärt sich ganz einfach, welche Bündnisse du eingehst oder welche Dinge du lieber direkt stehen lässt.

Um deine Grenzen mit dem zu koppeln, was dir super wichtig ist, hilft es natürlich zu checken, ob die beiden tatsächlich übereinstimmen – oder ob da vielleicht eine größere Lücke entstanden ist. Du kannst dir vorstellen, dass falsche oder viel zu unklare Grenzen niemals wirken. Und jetzt wird es praktisch: Techniken, die sicherstellen, dass persönliche Überzeugungen und 'ne Linie verbunden werden, schaffen direkte Zugänge zu einem entspannteren Mitschwimmen im Ozean des Lebens. Greif am besten auf Tools wie **Selbstreflexion** oder einfach nur Zeit allein auf'm Sofa zurück. Stell dir die Frage: "Was verunsichert mich?" Wer das regelmäßig macht, der sortiert zügig aus, was mit den eigenen Werten nichts zu tun hat. Lass dich von denen leiten und voilà – du setzt mit einem Mal authentische, klare und durchzugsstarke Grenzen.

Sieh's mal so, eine starke persönliche Empfehlung bedeutet, du sagst Ja zu Dingen, die deiner Wertewelt entsprechen, und sagst rechtzeitig Stopp, wenn etwas dagegen verstößt. Gradlinige **Kommunikation** darüber hilft natürlich, Fehlschritte zu vermeiden. Aber du brauchst zuerst eine aufrechte Haltung zu dir selbst und deinen Kernwerten. Wenn diese machbar ausgerichtet ist, dann erübrigt sich vieles, was sich sonst zwischen den Stühlen abspielen könnte. Hier bleibt wahr, dass Grenzen für alle klar und verständlich wirken sollten.

Erkennen deiner Bedürfnisse und Grenzen

Manchmal **denkst** du vielleicht, dass alles, was du willst, sofort erledigt oder erreicht werden muss. Du bist überzeugt, dass es unbedingt notwendig ist, aber Folgendes ist wichtig: Der Unterschied zwischen **Wünschen** und echten **Bedürfnissen** wird oft vermischt. Du musst diesen Unterschied für dich klären. Ein Wunsch ist an sich nichts Schlechtes, aber er ist nicht immer ein Muss. Ein Bedürfnis hingegen ist etwas Wesentlicheres, das dich stabil hält und ohne das du dich unausgeglichen fühlst. Darum schaffst du Klarheit darüber, was du in deinem Leben wirklich brauchst, um glücklich oder gesund zu bleiben.

Wünsche können Dinge wie Luxuserlebnisse, einem Hobby nachzugehen oder eine sinnlose Shoppingtour umfassen. Diese Dinge sind nicht falsch, aber oft überflüssig, wenn es um dein allgemeines **Wohlbefinden** geht. Bedürfnisse sind eher grundlegende Dinge, die dich gesund und ausgeglichen halten – Ruhe, Sicherheit, Ehrlichkeit und Selbstachtung sind solche Beispiele. Indem du dir genau darüber klar wirst, welcher Wunsch vielleicht aufschiebbar ist und welches Bedürfnis wirklich bei dir unverzichtbar ist, schaffst du nicht nur einen besseren Umgang für dich im Alltag, sondern gehst auch Streitigkeiten und Missverständnissen aus dem Weg.

Wenn du verstehst, worauf du wirklich nicht verzichten kannst – dein Bedürfnis nach Pausen oder dein Wunsch nach einem neuen technischen Gadget – lernst du gleichzeitig auch, wie du deine **Energie** effizienter einsetzt. Damit übernimmst du die Verantwortung für dich und deine Handlungen.

Jetzt, wo du diesen Unterschied erkennst, kannst du gleichzeitig verstehen, warum es so wichtig ist, persönliche **Grenzen** zu setzen oder zu pflegen. Stell dir vor, deine eigenen Bedürfnisse nicht zu beachten – was passiert dann? Du machst weiter und weiter, ohne dir zu erlauben, anzuhalten. Und dieser ständige Überdruss endet oft im Burnout oder führt zu Groll. Beides sind deutlich ungesunde Zustände, die viele von uns schon durchgemacht haben. Aber du kannst das eher verhindern, wenn du ehrlich darüber bist, wo deine persönlichen Grenzen liegen.

Die Sache ist, persönliche Grenzen verhindern nicht nur, dass du dich überforderst. Sie erinnern dich regelmäßig daran, deine Kräfte zu schonen. Niemand kann ständig bei jedem Anliegen oder jeder Anfrage "Ja" sagen. Manchmal musst du auch „Nein" sagen. Nicht, weil du egoistisch bist, sondern weil du, wie ein Handy-Akku auch, nicht unendlich Energie verströmen kannst. Akzeptiere deine eigenen Grenzen und baue sie gezielt in dein Leben ein – so verhinderst du Unmengen unerwarteter Enttäuschungen oder Belastungen, die dich überfahren könnten wie ein Langstreckenzug in voller Fahrt.

Wenn du das schaffst, kommst du dem nächsten Punkt näher – der Erkenntnis, dass das Respektieren dieser Bedürfnisse und Grenzen direkt auf dein **Wohlbefinden** einwirkt. Es ist einfach so: Wenn du nur dein Bestes für dich hinauszögerst, gewinnt niemand etwas, vor allem nicht du selbst. **Selbstfürsorge** klingt oft so abgedroschen, ist aber in Wahrheit – auch das wissen wir beide – nichts anderes als praktische Lebenspflege. Wenn du gesunde Grenzen in deinem Alltag setzt, schaffst du dir im Prinzip ein Umfeld, in dem es wahrscheinlicher ist, glücklicher und ruhiger zu leben. Es dreht sich alles darum, dass du dich wichtig genug nimmst, um dir Luft zum Durchatmen zu gönnen. Respektiere, was du dir selbst schuldig bist, und dein Gefühl von Zufriedenheit und Balance steigert sich fast von allein.

Am Ende spürst du also, dass sich das Wahrnehmen von Grenzen und eigenen Bedürfnissen wie eine Kettenreaktion im Positiven auswirkt. Plötzlich können viele Situationen des Lebens, die vorher Berg und Hürde zugleich waren, in einem neuen Licht erscheinen. Und dieses Innenleuchten, das du aktiv förderst, weil du dich selbst ernst nimmst, hat Außenwirkung – du wirkst von Grund auf ausgeglichener und irgendwann folgt das gute **Gefühl** von selbst.

Die Rolle des Selbstwertgefühls bei der Grenzsetzung

Wenn du über das Thema **Grenzen** nachdenkst, ist **Selbstwertgefühl** wahrscheinlich nicht das Erste, was dir in den Sinn kommt. Aber die zwei sind viel enger miteinander verbunden als du vielleicht denkst. Ein gesundes Selbstwertgefühl ist wie ein starker innerer Schild – je solider er ist, desto einfacher ist es, klare und feste Grenzen zu setzen. Wenn du dich respektierst und deinen eigenen Wert kennst, fällt es dir leichter, anderen zu zeigen, was du tolerierst... und was absolut nicht in Frage kommt.

Viele von uns kämpfen mit einem schwachen Selbstwertgefühl. Es kann auf vielen Dingen beruhen – erlebte Kritik, Misserfolge oder einfach das ständige Gefühl, nicht gut genug zu sein. Und das nagt an uns. Wie willst du deinen **Raum** behaupten, wenn du nicht mal ganz sicher bist, ob du ihn eigentlich verdienst? Oft versuchen wir diesen inneren Mangel dadurch zu kompensieren, dass wir anderen gefallen wollen. Ja, du sagst lieber „Ja" statt „Nein", um gemocht zu werden, um derjenige zu sein, der alles rechtmacht. Kurz gesagt: Du opferst die eigenen Grenzen – und damit auch ein Stück von dir selbst – für die Zuneigung oder Anerkennung der anderen.

Aber weißt du was? Du kannst diese Spirale durchbrechen. Der Weg zum Aufbau eines besseren Selbstwertgefühls beginnt damit, dass du dir deiner eigenen **Bedürfnisse** bewusst wirst. Was brauchst du? Was willst du absolut nicht? Erkenne das an – und geh nicht ständig in den Rückzug, nur weil du befürchtest, andere könnten davor zurückschrecken. Indem du dir dieser Punkte bewusst wirst, setzt du gleichzeitig fest, wo deine Grenzen liegen – sozusagen ein doppelter Effekt.

Ehrlich gesagt, Selbstwertgefühl wächst nicht über Nacht. Es erfordert Übung und viel **Selbstreflexion**. Besonders hilfreich finde ich dabei, kleine Erfolgslisten zu führen. Klingt vielleicht albern, aber das hilft dir, deine kleinen Siege zu sehen – Tage, an denen du zu dir gestanden hast, an denen du Nein gesagt hast, obwohl es unbequem war, oder an denen du eine gesunde Grenze behauptet hast. Es geht nicht darum, aus einem Nichts alles über Nacht wieder voll aufzubauen – sondern Schritt für Schritt dein eigenes Bild von dir zu verbessern.

Ein weiteres Mittel zur Stärkung des Selbstwertgefühls ist liebevolles **Selbstgespräch**. Versuch mal, wie du es mit einem guten Freund tun würdest, auch mit dir selbst umzugehen. So: Keine harsche Selbstkritik, sondern eher Mitgefühl und Verständnis. Denn wenn du dich selbst so behandeln kannst, gibst du dir den Raum, klarere und strengere Grenzen zu setzen, ohne dass dir andere gefährlich relevant sind.

Mit gestärktem Selbstwertgefühl schließt sich der Kreis. Dadurch, dass du klarer und selbstbewusster kommunizierst, was für dich in Ordnung ist und was nicht, wirst du feststellen, dass andere natürlich besser mit dir umgehen. Denn das, was du über dich selbst lernst, zeigst du auch anderen. Es ist ein **Geben** und **Nehmen** – und meistens bekommst du genau den Respekt zurück, den du dir selbst entgegenbringst. Ein besseres Selbstwertgefühl ermöglicht dir Schritt für Schritt bewusstere und stabilere Grenzen zu setzen.

Entwicklung eines starken Selbstbewusstseins

Ein starkes **Selbst** nicht nur zu haben, sondern auch aufzubauen und zu pflegen – das ist oft leichter gesagt als getan, oder? Stell dir mal vor: **Selbstdifferenzierung**. Ein sperriges Wort, doch der Kern dieses Konzepts ist ziemlich einfach. Es geht darum, in einer **Beziehung** klar zwischen dem zu trennen, was du bist und was der andere ist, was du fühlst und was der andere fühlt. Manchmal verschmilzt du fast mit deinen Partnern, Freunden oder der Familie, dass es schwerfällt, dich selbst noch klar wahrzunehmen, geschweige denn dir treu zu bleiben.

Warum ist das in Beziehungen so wichtig? Denk mal darüber nach: Je mehr du dein eigenes Selbst wahrnimmst, desto weniger wirst du von den Launen und Meinungen anderer beeinflusst. So bleibt deine **emotionale Stabilität** gewahrt. Du kannst (nahezu) gelassen bleiben, wenn dein Gegenüber aus der Haut fährt, weil du erkennst: „Das sind seine Gefühle, nicht meine". Das bedeutet nicht, dass du nicht mitfühlen oder nicht zuhören sollst. Es geht vielmehr darum, sicherzustellen, dass du nicht wie ein Blatt im Wind herumgewirbelt wirst. Man munkelt, eine kräftige Wurzel – dein Gefühl für dein eigenes Selbst – sichert dich gegen so manche Stürme.

Und je stärker dein Selbst ist, desto besser kannst du dich auch nach außen abgrenzen. Hier geht's aber nicht nur ums ‚Nein sagen' – ein starkes Selbst zu haben, bedeutet vieles. Es bedeutet zum Beispiel auch, klare Ansagen machen oder zu deiner Meinung stehen zu können, selbst wenn sie unangenehm sein könnte. Merkst du schon, worauf es hinausläuft? Ein gefestigtes Selbst sorgt dafür, dass du eben nicht jedes Mal zustimmst, wenn jemand etwas von dir will, wenn du innerlich eigentlich ganz anders gestimmt bist. Du wirst weniger daran gehindert, zu sagen, was in dir vorgeht, weil du weißt, dein Wert hängt nicht vom Wohlgefallen der anderen ab. Wer stark im eigenen Ich ist, der hat's leichter damit, **Grenzen** zu ziehen – weil man sicher ist, wo das eigene Ich aufhört und das des anderen beginnt.

Das bringt uns gleich zu einem weiteren Aspekt: Bewahrung der eigenen **Individualität** in Beziehungen. Es mag paradox klingen, aber es stimmt, dass gerade die Unterschiede Intimität fördern können. Klingt komisch, oder? Hier's das Ding: Wenn du in einer Beziehung ganz du selbst bleibst – mit all deinen Vorlieben, Macken und Eigenarten – bereicherst du das Zusammensein. Es gibt Raum für faszinierende Entdeckungen aneinander und auch Platz für Geheimnisse. Stell dir vor, wie langweilig es wäre, wenn alles immer eins zu eins übereinstimmen würde. Anders zu sein schafft Spannung, fördert Anziehung – und ganz ehrlich – manchmal macht gerade das den Spaß in einer Beziehung aus.

Wenn beide individuell bleiben, entsteht eine Art Tanz. Zwei eigenständige Tänzer mit eigenem Rhythmus und eigener Form, doch in Harmonie aufeinander abgestimmt. Dadurch wächst nicht nur Respekt, sondern auch das Interesse aneinander – einzigartig und verführerisch. **Individualität** leben macht das Zusammensein dazu lebendig, frisch und einfach intensiver.

So siehst du: Deine **Selbstentwicklung** rettet (nicht nur) das Miteinander... sie beflügelt es regelrecht. Schätze das „Du" genauso wie das „Ihr". Beide dürfen ihre Eigenheiten pflegen und gleichzeitig wachsen... und durch die Magie der Unterschiede, boom!, wird das Miteinander tiefer und inniger. Klar, es erfordert Übung... aber schlussendlich lohnt es sich – für dich, für euch beide.

Fazit

In diesem Kapitel haben wir uns mit einem **wichtigen Thema** für ein gesundes und erfülltes Leben beschäftigt. Die Erarbeitung von persönlichen **Grenzen** hängt stark von deinem **Selbstbewusstsein** und deinen Werten ab, was dir hilft, deine **Bedürfnisse** zu erkennen und zu wahren. Wenn du deine Grenzen kennst, kannst du besser für dich selbst sorgen und schließlich stärkere, gesündere Beziehungen führen.

Du hast in diesem Kapitel gesehen, wie wichtig es ist, dich selbst zu kennen und zu verstehen, was dir wichtig ist. Klare Grenzen helfen dir, dich selbst und deine **Zeit** zu schützen. Du solltest dir bewusst machen, was du wirklich brauchst und wo deine Grenzen liegen. Dein **Selbstwertgefühl** spielt eine wichtige Rolle darin, ob du deine Grenzen durchsetzen kannst. Unverwechselbare **Werte** und Glaubenssätze stärken deinen Umgang mit anderen.

Dieses Wissen legt den Grundstein für ein harmonischeres und zufriedeneres Leben. Denk daran: Deine Grenzen sind wichtig! Setz sie mit **Selbstbewusstsein** durch – du wirst sehen, wie viel Positives daraus erwächst. Klare und gut durchdachte Grenzen tragen nicht nur zu deinem eigenen Wohlbefinden bei, sondern fördern auch verständnisvolle und respektvolle Beziehungen zu anderen.

Kapitel 3: Die Psychologie der Grenzen

Spürst du manchmal, dass du unsichtbare **Mauern** in deinen Beziehungen hast? Ich kenne das, diese **Barrieren**, die uns von der Vergangenheit her und auch jetzt noch beeinflussen. Aber hier gibt's was Spannendes: Was wäre, wenn du lernen könntest, diese unsichtbaren **Grenzen** besser zu verstehen? Schließlich kann das, was wir in der **Kindheit** erlebt haben, uns auch als Erwachsene prägen – besonders bei der Art, wie wir unsere Grenzen setzen.

In diesem Kapitel wirst du sehen, wie diese Grenzen – wenn sie gesund sind – dein **Leben** ausbalancieren. Es gibt einfach so vieles zu entdecken darüber, wie ein paar bewusste **Entscheidungen** plötzlich all deine Beziehungen verbessern können. Du wirst sicher neugierig sein, wie diese psychologischen Grenzen wirken und was du tun kannst, um alte Barrieren zu überwinden. Der **Schlüssel**? Verstehen, warum du dich manchmal von anderen entfernst... oder von dir selbst. Ich verspreche dir, es wird spannend und emotional!

Wie Grenzen unsere Beziehungen formen

Wenn du über **Grenzen** sprichst, geht es nicht bloß um Regeln oder Verbotsschilder im Leben, sondern vielmehr um einen Schutzraum für deinen eigenen Kopf und dein Herz. Es ist wie eine Art unsichtbarer Zaun, der dir hilft, dein eigenes Wohl ruhig im Auge zu behalten. Doch diese Zäune haben noch viel mehr zu bieten. Sie tragen entscheidend zu deinen zwischenmenschlichen **Beziehungen** bei und sogar dazu, wie wohl du dich mit anderen fühlst.

Ein klarer Vorteil solcher Grenzen? Oft weißt du vielleicht gar nicht, was du wirklich brauchst, bis du eine Grenze ziehst und merkst, wie es wie frische Luft ist. Es schafft **Klarheit**, sowohl für dich als auch für die Menschen um dich herum. Ist dir bewusst, dass diese Klarheit dein **Selbstgefühl** stärkt und deinen Alltag besser erträglich macht? Weniger Stress, mehr Zeit für Dinge, die dir wirklich wichtig sind – kommt dir das bekannt vor? Es mag überraschend klingen, aber mit klaren Grenzen setzt du dich selbst tatsächlich an die erste Stelle. Interessant, oder? Denn genau diese Haltung strahlt aus – spürbar für dich und alle anderen.

Und das Spannende ist: dein Selbstbild und auch dein **Bindungsverhalten** haben hier kräftigen Einfluss. Die Art und Weise, wie eng oder locker du dich anderen anschließt, bleibt eng mit deinen Grenzen verknüpft. Stell dir mal jemanden vor, der kaum einen Unterschied zwischen "meins" und "deins" macht. So jemand wird sich ständig gestresst fühlen, mit dem Gefühl immer dort sein zu müssen, wo andere ihn haben wollen. Klar, er hat keinen Raum für sich selbst geschaffen. Ganz im Gegensatz dazu steht eine Person, die feste Grenzen setzt. Solch jemand gönnt sich Luft zum Atmen und sortiert die Beziehungen sorgfältiger, bleibt sich so treu, egal wie nah die Beziehung zu deinem Partner oder deiner Freundin ist. Das sickert natürlich wieder durch.

In Beziehungen kann das Ziehen klarer Grenzen deshalb die bessere **Bindung** bringen, sowohl für dich selbst als auch für den Partner. Kannst du dir eine Beziehung vorstellen, wo jeder weiß, wann Schluss ist? Gesunde Grenzen machen den Unterschied zwischen Bedrückung und Befreiung aus. Nicht zuletzt steckt in diesen Grenzen aber auch die Antwort auf die Frage, wie fest Verbundenheit sowie Vertrauen wachsen kann.

Du fragst dich vielleicht, wieso das alles so wichtig ist. **Respekt** und **Vertrauen**. Ja, diese beiden brauchen Grenzen so nötig wie Zimmerpflanzen Wasser. Grenzen ziehen den Rahmen ab, innerhalb dessen sich wirklicher Respekt entwickeln kann. Wenn andere verstehen, dass du für dich sorgst und ihnen trotzdem Raum gibst, zeigt das ein schönes Gegengewicht. Es gestaltet den Tanz der Nähe und Distanz gleichmäßig und angenehm. Eine Choreographie, die allen ein angenehm vertrautes Gefühl gibt. Auf lange Sicht spürst du und dein Gegenüber, wie sich das zarte Band der Verbindung festigt und vertieft. Vertrauen wächst ganz still und leise, bei jeder bewussten Wortwahl, bei jedem klaren "Nein", das am Ende "Ja" zu den angemessenen Dingen bedeutet.

Diese Erkenntnis erleichtert nicht nur deine Beziehungen, sondern lässt dich in jeder Interaktion frischer und selbstbewusster vorangehen. Wenn das kein Gewinn ist! Zum Schluss sei noch gesagt: Die psychische Freiheit bedeutet, dass Menschen mit klaren Abgrenzungen sauberer und erfüllter leben. Es gibt dir letztendlich das Gefühl, deine Rolle von innen nach außen klar zu definieren.

Der Einfluss von Kindheitserfahrungen auf die Grenzbildung

Hast du schon mal darüber nachgedacht, warum es dir manchmal schwerfällt, klare **Grenzen** zu setzen? Ein Grund dafür könnte in deiner **Kindheit** liegen. Gerade die Familiendynamik, die dich von klein auf umgibt, prägt dich mehr, als du vielleicht vermutest. Zufriedene und stabile Familienverhältnisse fördern oft die Fähigkeit, gesunde Grenzen zu setzen. Aber – und dieses "aber" ist wichtig – wenn die Familiendynamik kompliziert wird, hat das große Auswirkungen. Es ist ein bisschen so, als würdest du in einem Garten aufwachsen, in dem die Blumen nicht genug Platz haben; sie können sich nicht richtig entfalten. Ebenso kann es sein, dass du als

Kind, das mit unausgewogenen Beziehungen aufwächst, Schwierigkeiten haben wirst, später im Leben gesunde Grenzen zu entwickeln.

Was passiert also in solchen **Familien**? Nun, oft bleiben die Grenzen verschwommen. Wenn du so aufwächst, hast du keine klaren Vorstellungen davon, wo deine persönlichen Grenzen beginnen und enden. Wenn du anderen alles durchgehen lässt, zum Beispiel, dann lernst du vielleicht, dass deine eigenen Bedürfnisse zweitrangig sind. Keine gute Ausgangslage, oder? Besonders wenn es darum geht, im Erwachsenenalter festzulegen, was du möchtest und vor allem, was du nicht möchtest.

Verstehst du, was ich meine? Diese frühe Unklarheit über die eigenen Bedürfnisse und Wünsche macht es kompliziert. Es ist, als würdest du durch einen Nebel laufen, ohne genau zu wissen, wohin. Und das alles hat mit den unsichtbaren Linien zu tun, die du nicht gelernt hast zu ziehen.

Weiter geht's – zu einem Konzept, das dir vermutlich nicht ganz geläufig ist: "**Verstrickung**". Das klingt vielleicht ein wenig komplizierter, als es eigentlich ist. Verstrickung bedeutet im Grunde, dass die Grenze zwischen deinen eigenen Gefühlen und denen der anderen so verschwimmt, dass es schwer ist zu unterscheiden: Was sind deine eigenen Wünsche und was die Erwartungen anderer? Besonders übel wird es, wenn es dabei um die Beziehungen zu deinen eigenen Eltern geht. Wenn du zum Beispiel aufwächst und das Gefühl hast, die emotionale Last deiner Eltern tragen zu müssen, wird es knifflig. Es ist, als müsstest du dein eigenes Boot im Sturm steuern, während du noch ein anderes mit dir ziehst. Schließlich verlernst du, dich auf deine eigenen Grenzen zu konzentrieren.

Was das für später bedeutet? Na ja, viele Menschen merken rückblickend erst im **Erwachsenenalter**, dass sie das "Nein-sagen" überhaupt nie wirklich gelernt haben. Verstrickungen in der Familie verhindern, dass du klare Linien ziehst, was schwierig ist, weil es deinem inneren Kompass ähnliche Probleme beschert. Du willst es allen recht machen, verlierst dabei aber aus dem Blick, was für dich selbst wichtig ist. Das kann im Alltag reichlich anstrengend sein und dazu führen, dass du dich ausgebrannt und leer fühlst.

Apropos emotionaler Schaden, man könnte jetzt glatt den nächsten Gedanken aufgreifen – Was passiert, wenn in der Kindheit **Traumata** dazukommen? Stell dir vor, Traumata sind wie schwere Steine, die du als Kind in deinen Rucksack packen musst. Mit der Zeit wird der Rucksack so schwer, dass du es kaum noch schaffst, gerade zu stehen. Als Kind, das schlimme Erfahrungen machen musste, lernst du schnell, dass die Welt ein unsicherer Ort ist. Besonders tragisch ist, dass deine Fähigkeit, deinen eigenen Raum zu verteidigen, oft darunter leidet. Das Gefühl von Ohnmacht und das ständige Anpassen an äußere Umstände hinterlassen Spuren – und grenzenlos sein erscheint als Lösung. Es geht eben nur darum, sich irgendwie durchzuwurschteln.

Als Erwachsener, der solche Erfahrungen gemacht hat, erkennst du oft gar nicht, dass deine Schwierigkeiten, klare Grenzen zu setzen, in der Vergangenheit wurzeln. Dabei läuft vieles im **Autopiloten** ab – du empfindest keine klare Abgrenzung zwischen dem, was du selbst möchtest und dem, was andere von dir erwarten. Alles verschwimmt. Darum fällt es dir schwer, dich selbst als eigenständige Person mit eigenen Bedürfnissen wahrzunehmen.

Und wie oft bringt dich die **Vergangenheit** in echte Bedrängnis, oder? Aber das Gute ist, wenn du einmal angefangen hast, diese Muster zu erkennen, kannst du gezielt damit arbeiten. Doch, ehrlich, leichter gesagt als getan ...

Psychologische Vorteile gesunder Grenzen

Grenzen sind wie die **Schutzmauern** deines Geistes. Durch das Setzen von klaren Grenzen sorgst du dafür, dass deine psychische **Gesundheit** geschützt wird. Du schaffst einen Raum, in dem du Kontrolle hast und dich sicher fühlst. Das Gefühl der Sicherheit und Geborgenheit fördert nicht nur deine mentale Stabilität, sondern kann auch Ängste und Unsicherheiten lindern. Grenzen zu setzen bedeutet, **Verantwortung** für dein eigenes Wohlbefinden zu übernehmen.

Indem du deine eigenen Grenzen kennst und respektierst, erlangst du mehr **Selbstvertrauen**. Du weißt, wer du bist, was dir wichtig ist und was du tolerieren kannst. Das reduziert die Wahrscheinlichkeit, dass du dich überfordert fühlst oder emotional ausbrennst. Zum Beispiel, wenn du öfter "Nein" sagst zu Verpflichtungen, die dich stressen, bewahrst du dir selbst die Energie für das, was wirklich zählt. Das führt nicht nur zu mehr innerem Frieden, sondern hilft dir auch, Beziehungen auszubalancieren, die auf Respekt statt auf Verpflichtung basieren.

Wenn wir von **Stress** und Angst im Alltag sprechen, ist es einfach zu erkennen, wie Grenzen einen bedeutenden Einfluss haben können. Stell dir vor, dein Tag wäre vollgepackt mit Anfragen und Verpflichtungen, ohne dass du diese jemals abschwächen könntest. Klingt chaotisch, oder? Genau hier kommen Grenzen ins Spiel – sie sind deine Leitplanken, die verhindern, dass du emotional in übervolle Schnellstraßen abdriftest.

Stress wird oft durch ein Gefühl der Überwältigung ausgelöst. Wenn du konstant von äußeren Erwartungen eingespannt bist, verlierst du den Fokus auf dich selbst und deine Bedürfnisse. Durch klare Grenzen sorgst du dafür, dass Stress minimiert wird, da du eine Art Puffer schaffst, der deine Präsenz nicht nur emotional, sondern auch physisch schützt. Wenn du zum Beispiel weißt, dass du nach der Arbeit keine Anrufe oder E-Mails beantwortest, gibst du deinem Geist Zeit, herunterzufahren und dich zu regenerieren. Stress und Sorgen neutralisieren sich so mit der Zeit, und das Gefühl der **Ausgewogenheit** kehrt zurück.

Das führt uns zu einem weiteren wichtigen Aspekt: Dein **Selbstbild** bleibt intakt – oder wird sogar gestärkt. Grenzen schützen nicht nur das, was du im Äußeren leistest, sondern auch, wie du dich selbst siehst. Indem du dich regelmäßig daran erinnerst, dass deine Bedürfnisse und Grenzen wichtig sind, schulst du dich selbst darin, dich positiv wahrzunehmen. Du entwickelst eine gesunde Selbstachtung, die wiederum dafür sorgt, dass du dich vor Selbstzweifeln schützt. Es gibt eine Art Selbstschutzmodus, den du automatisch aktivierst, wenn Emotionen im Spiel sind, die dein Selbstbild angreifen könnten.

Denk mal daran, wie befreiend es sein kann, wenn du merkst, wie andere deinen **Raum** respektieren. Dein eigener Selbstwert wächst, da du nicht nur für andere sorgst, sondern auch für dich selbst.

Im Endeffekt formen gesunde Grenzen die Basis für ein stabiles, entspannteres und ausgeglicheneres Leben – du bist nicht nur im Einklang mit deinen Mitmenschen, sondern vor allem mit dir selbst.

Psychologische Barrieren bei der Grenzsetzung überwinden

Manchmal willst du klare **Grenzen** setzen, doch irgendwas blockiert dich. Vielleicht, weil du im Innersten die Sorge hast, wie Leute tatsächlich reagieren könnten. Stell dir vor: Du möchtest „Nein" sagen, aber **Angst** stiehlt dir förmlich den Atem. Eine der häufigsten Ängste hat was damit zu tun, dass du jemanden enttäuschen könntest. Was, wenn sie sauer oder enttäuscht werden? Dann gibt's da noch die Sorge, abgelehnt zu werden. Diese Gedanken können ein riesiger Hemmschuh sein, vor allem wenn du dich bei sozialen Interaktionen eh nicht so sicher fühlst. Deine Sorgen schüren **Zweifel** und am Ende bleibt das „Ja" an den anderen doch noch hängen. All das bremst dich und zieht dir energiemäßig mächtig den Stecker. Einfach nur, weil die Angst davor, jemanden zu verprellen, dermaßen groß ist.

Das reine Kopfkino kann dich auch link zerlegen! Du fängst an, dir Szenarien auszumalen, wie jemand wirklich beleidigt sein könnte oder, noch schlimmer, die Freundschaft dann im Eimer ist. Diese irrationale Furcht sorgt leider dafür, dass du dir Grenzen oft verkneifst, auch wenn nach innen längst alles schreit: „Bitte, jetzt ist Schluss!" Lustiges dabei: Je mehr du drüber nachdenkst, desto lähmender wird die **Angst**...

Und das Ding ist, dass die Angst oft von sogenannten kognitiven Verzerrungen befeuert wird. Bestimmte **Denkfehler**, die verhindern, dass du Dinge klar siehst. Hast du vielleicht schon mal gedacht: „Wenn ich jetzt Grenze setze, macht das alles doch nur schlimmer"? Oder „Wenn ich jetzt "Nein" sage, dann wird mir niemand mehr vertrauen"? Jo, genau das sind kognitive Verzerrungen! Sie machen alles echter, als es in Wirklichkeit ist. Und saugen dir die gesamte Willenskraft aus. Man glaubt fest an diese Verdrehungen – als wären sie unverrückbare Wahrheiten. Dabei fordern sie deinen Verstand heraus, sich immer mächtigere Gegenbeweise zu konstruieren – nur damit du am Ende doch irgendwie 'nen Grund findest!

Genau diese Verzerrungen sind dein Krisenherd, der dich verzweifelt festhalten lässt.

Jetzt denk dir mal: Es sind ja doch nur **Gedanken**, oder? Gar niemand hat gesagt, dass sie die Realität widerspiegeln. Deswegen geht's darum, diese Überzeugungen nicht einfach hinzunehmen, sondern sie kräftig und radikal auf den Prüfstand zu stellen. „Warte mal, bläst dieses Risiko bei Grenzeinsätzen wirklich Löcher in meine sozialen Beziehungen?" Meistens sprudelt die Antwort: nein. Stell dir selbst Fragen. Womit gab es denn wirklich schlechte Erfahrungen wegen einer gesetzten Grenze? Und was hast du daraus gelernt? Diese Gedanken zu durchleuchten, packt die Sache beim

Schopf und gibt dir die Macht zurück, sie neu zu bewerten. Das entlastet dich mental.

Bestimmt kennst du den Spruch „nichts wird so heiß gegessen, wie's gekocht wird". Und genauso isses: Deine **Wahrnehmung** kriegt neue Perspektiven. Selbst infrage stellen kann dir helfen, dein Sicherheitsego anzuheben.

Da du deine Verzerrungen jetzt etwas begradigt hast, wird es Zeit, auch deine Überzeugungen neu zu sehen. Sie könnten sonst verhindern, dass du gesunde Grenzen für dich etablieren kannst. Einfach gesagt: „Ich muss immer nett sein" ist eine dieser einschränkenden Überzeugungen. Klingt rechtschaffend, jedoch führt's dazu, dass du Selbstaufopferung als Norm verherrlichst. Aber einschlägig ersetzt durch: „Manchmal darf ich auch „Nein" sagen, ohne jemandem was schuldig zu sein." Klar, dies braucht Eingewöhnung, kann aber so befreiend sein!

So pass auf: Überprüfe diese **Überzeugungen** sorgfältig. Gehe Schritt für Schritt in eine ehrlichere Denkrichtung – die auf Selbstschutz und wahren Respekt baut. Klare Abgrenzung funktioniert, wenn du frühzeitig begreifst, dass du Grenzen setzen DARFST, selbst wenn's Unannehmlichkeiten schaffen könnte. Balance halten ist hier das Mantra.

Zum Schluss

In diesem ganzen Kapitel hast du wichtige **Konzepte** kennengelernt, die dir helfen können, gesunde **Grenzen** in deinen Beziehungen zu setzen. Grenzen spielen eine wesentliche Rolle nicht nur im Umgang mit anderen, sondern auch in deinem persönlichen **Wohlbefinden**. Um nochmal das Wesentliche zusammenzufassen, habe ich alles Wichtige für dich aufbereitet, damit du es leicht in **Erinnerung** behalten kannst.

In diesem Kapitel hast du gesehen:

• wie klare Grenzen in **Freundschaften** und Familie den gegenseitigen Respekt stärken.

• dass schwierige Erfahrungen in der **Kindheit** unsere Fähigkeit, Grenzen zu setzen, beeinflussen.

• dass gesunde Grenzen zu mehr Ruhe und **Zufriedenheit** im Alltag führen.

• dass es manchmal **Ängste** gibt, die uns davon abhalten, sinnvolle Grenzen zu setzen.

• dass es Wege und Methoden gibt, negative Gedanken über Grenzen zu hinterfragen.

Mach dir das Gelernte aus diesem Kapitel zunutze, um deine Beziehungen und dein inneres Gleichgewicht zu pflegen und zu verbessern. Jetzt liegt es an dir, dieses Wissen in deinem Alltagsleben anzuwenden, um ein harmonisches und respektvolles Miteinander zu fördern. Gib Gas, Kumpel!

Kapitel 4: Arten von Grenzen

Wo ziehst du deine **Grenzen**? Ich frage das, weil Grenzen im Grunde genommen das **Gerüst** deines Lebens bilden. Ob du es dir bewusst bist oder nicht, sie sind überall – körperlich, emotional, geistig. Diesen kleinen – unsichtbaren aber mächtigen – Linien verdankst du es, dass du in einem anstrengenden **Gespräch** einen Schritt zurücktrittst oder wenn dein Telefon ständig klingelt, aber du nicht rangehst, weil du endlich mal **Zeit** für dich brauchst. Diese kleinen Grenzen machen den Unterschied in deinem **Leben**. In diesem Kapitel helfe ich dir zu erkennen, wie sehr sie Teil deines **Alltags** sind – wenn du weißt, sie richtig zu setzen. Du kannst dich fragen: Wo hast du schon einmal deine eigenen Grenzen eingerissen? Dieses Kapitel bietet nicht nur **Einblicke**, sondern auch praktische Übungen, damit du deine eigenen Grenzen besser erkennen und festigen kannst. Ich wette, dass du viele „Aha"-Momente erleben wirst. Warum nicht gleich **anfangen**?

Körperliche Grenzen

Wenn du an persönliche Grenzen denkst, ist auch dein **Körper** mit dabei. Einfach gesagt, dein körperlicher Raum und deine körperliche **Autonomie**. Eigentlich sollte jeder diesen Respekt für andere instinktiv in sich tragen. Der persönliche Raum ist wie eine unsichtbare **Blase** um dich herum. Den muss jeder respektieren, der dir nicht mega nah steht. Dabei geht's um viel mehr als nur darum, wie nah jemand beim Einkaufen neben dir steht. Es geht um Dinge wie unpassende Händedruck-Angebote, unfreiwillige **Umarmungen** oder sogar noch unangenehmeres Verhalten.

Woher kommt das Unwohlsein, wenn jemand deine körperlichen Grenzen verletzt? Ganz einfach: Du fühlst dich irgendwie überfordert, geschmeichelt oder sogar beleidigt und unsicher. Auch **Stress** kann dich davon abhalten, dich um dich selbst zu kümmern und klar auszusprechen: "Hey, das fühlt sich gar nicht gut an." Verletzungen dieser körperlichen Grenzen? Die passieren ständig, oft ohne böse Absicht. Trotzdem können sie dich aus der Balance werfen. Leute, die einfach zu nah auf die Pelle rücken, die unerwartete Berührungen wie ein „freundschaftliches Klopfen" auf die Schulter loslassen – das alles geht eher auf die Nerven und zeugt auch nicht von besonders hoher **Sozialkompetenz**, um ehrlich zu sein...

Nun, das führt uns zur Effektivität beim Einhalten von Grenzen. Denn auch wenn dich was mal überfordert, brauchst du nicht einfach abzuwinken. Es gibt diese simple Technik: "Stop, Think, Assert" (also "Stopp mal, kurz nachdenken und aufrecht durchsetzen").

Wie funktioniert die Technik? Zuallererst: Stopp – da, wo du dich unwohl fühlst, machst du direkt halt. Das heißt, du sagst dir innerlich selbst, "nee, das geht jetzt gerade nicht." Schon beim kleinsten Anzeichen innerer Anspannung. Ob das ein Händedruck ist, der deine Komfortzone überschreitet, oder eine Umarmung, die ohne zu fragen erfolgt. Zweitens: Denk mal drüber nach, was genau dich stört. Liegt es an der Person? Oder ist's vielleicht die Umgebung? Geh's Schritt für Schritt im Kopf durch. Dann: Durchsetzen (aber sanft). Hier heißt es "Steck deine Grenzen klar ab". Formuliere es höflich, wie etwa "Hey, ich fühl mich nicht so wohl damit, umarmt zu werden." Ruhig, sachte, aber bestimmt ausgedrückt.

Bedenke dabei: Faires Verhalten sollte fast immer auf gegenseitigem **Respekt** beruhen. Das simple "Stop, Think, Assert" hilft dir nicht nur, deinen Raum einzunehmen, sondern zwingt auch niemanden in unangenehme Situationen. Alle haben's besser mit ehrlichen Prinzipien und klaren Ansagen, wenn man sich die Zeit nimmt, über sich nachzudenken – kurz durchatmen und dann Entscheidungen treffen, die für Klarheit sorgen. Ja, in Sachen Körpergrenze setzt diese kleine Übung sehr viel überzeugende Energie frei. Da fühlst du dich wie dein eigener kleiner **Bodyguard**.

Eigentlich ist das Thema, wie du mit deinen Körpergefühlen umgehst, sie kontrollierst und verteidigst, eng damit verbunden, ob du andere auch in deiner Nähe akzeptierst oder eben nicht. Wenn du durch Ausprobieren oder Üben des Anhaltens damit klar kommst, wird jeder Schritt in Richtung dieser Klarheit für dich leichter. Kommunikation ist der Schlüssel, Freunde. Leute, die das mitbekommen, lernen den gegenseitigen Respekt zu schätzen. Du wirst lernen, überzogene Reaktionen zu vermeiden und stattdessen mit neuer Klarheit zu kommunizieren.

Also, du siehst - der Umgang mit offensichtlichen Grenzverletzungen folgt einfachen Grundsätzen: WEHRE DICH gegen unerwünschte Übergriffe, denn Übung macht den Meister.

Mentale Grenzen

Bei mentalen Grenzen geht es darum, wie du deine eigenen **Überzeugungen** und Gedanken schützt. Du weißt, wie gut es sich anfühlt, deinen eigenen Kopf zu haben, ohne dass dir jemand reinredet, oder? Genau darum geht's – diese inneren Schutzschilde sorgen dafür, dass du bei deinen überraschenden, verrückten oder klugen **Gedanken** bleiben kannst, ohne dass andere deinen Filter so einfach durchbrechen.

Deine mentalen Barrieren sind da, um dich vor dem **Einfluss** von außen zu schützen, der manchmal gar nicht wirklich gut für dich ist. Wenn jemand versucht, in deinen Kopf vorzudringen und dir irgendwas einreden möchte, wirst du vermutlich resistent sein – zumindest solltest du das sein. Denn wenn du ständig die Meinungen oder Ansichten anderer über deine eigenen stellst, dann verwischt die Linie zwischen deinem eigenen Denken und dem, was andere von dir erwarten. Es ist so, als ob niemand deine vertraulichen Gedanken einfach durchwühlen darf, das sollte eine klare "Stopp"-Linie haben.

Aber was geschieht, wenn diese Grenzen verletzt werden? Naja, das **Selbstwertgefühl** kann ganz schön leiden. Wenn dir ständig jemand sagt, was du zu denken hast, oder du dich nicht wirklich gegen manipulatives Geschwätz wehren kannst, dann beeinflusst das, wie du dich in Zukunft fühlst. Du beginnst vielleicht, an dir selbst, deiner eigenen Meinung und deinen Überzeugungen zu zweifeln. Ich meine, wenn du jedes Mal, wenn du dein Wort ergreifen möchtest, übertönt wirst, dann wirst du irgendwann einfach stiller, unsicherer, vielleicht sogar härter zu dir selbst, weil du das Gefühl hast, du bist nicht stark genug, um deine Gedanken zu schützen. So ein andauernder Angriff auf deine eigenen **Glaubenssätze** ohne Widerstand kann dich innerlich ganz schön erschöpfen.

Gut, dass es Wege gibt, die mentalen Wände um uns herum stärker zu machen. Einer davon ist die „Gedankenfilter"-Technik, eine ziemlich simple Methode eigentlich. Stell dir das so vor: Beim Gedankenfilter entscheidest du bewusst, was durchkommt und was draußen bleibt. Du kannst dabei so vorgehen: Wenn jemand eine Meinung äußert oder dich von etwas überzeugen will, dann denk dir quasi wie durch einen Filter – „Ist dies für mich hilfreich, unterstützend, oder bringt es mich weiter?" Wenn ja, spitz die Ohren! Wenn es allerdings nur Tohuwabohu ist, das deiner Klarheit nichts weiter bringt, lass es wie Wasser an einer Ente abprallen. Nach und nach lernst du, wie du bei dir selbst bleibst und sicherstellst, dass nur Sachen in deinem Kopf landen, die du dort wirklich haben möchtest. Das trägt auch zu einem stärkeren **Selbst** und einer Schärfe der eigenen Gedanken bei, die im heutigen Wirrwarr sowas von nötig ist.

Die mentale Grenze hilft nicht nur deinen ruhigen Momenten und inneren **Überzeugungen**, sondern verhindert auch (durch gezielte Abwehr), zwischen Steuerungen durch andere und dem, wie du wirkst, verwechselt zu werden. So erhältst du nicht nur Gewinne beim eigenen Denken, du hältst diese auch fest in den Händen. C'est la vie!

Zeit- und Energiegrenzen

Vielleicht kommt dir das bekannt vor: Du sagst "Ja" zu fast allem und merkst irgendwann, dass du dich völlig überfordert und **ausgebrannt** fühlst. Keine Zeit mehr für dich selbst, immer beschäftigt, aber ohne das Gefühl, dass du wirklich vorankommst. Das passiert, wenn deine Zeit- und Energiegrenzen nicht klar genug sind. Diese Grenzen helfen dir, genau diese Überengagements und diese tiefe Erschöpfung zu vermeiden.

Wenn du anfängst, deine Zeit- und Energiegrenzen besser zu setzen, erlaubst du dir, deine **Ressourcen** auf deine Prioritäten zu konzentrieren. Plötzlich hast du wieder mehr Energie und nicht jede Minute fühlt sich wie eine Tretmühle an. Grenzen sorgen dafür, dass du "Nein" sagen kannst – zu Menschen, Aufgaben oder Situationen, die dir mehr abverlangen, als du geben kannst. Niemand außer dir selbst ist dafür verantwortlich sicherzustellen, dass du nicht ausbrennst.

Und dann gibt's die sogenannten "**Zeitdiebe**". Kleine oder größere Dinge, die ohne größere Ankündigung deinen Tag durcheinanderbringen. Du kennst sie schon: Ein Anruf von jemandem, der "nur kurz" quatschen möchte – und eine Stunde ist weg. Eine E-Mail, die dann zahlreiche nervige Threads nach sich zieht. Social Media, das deine Aufmerksamkeit verschluckt. Der Trick ist, sie zu erkennen und vor allem, sie zu parieren. Ein klares Zeitfenster für bestimmte Aufgaben, kurze und doch gelungene Ablenkungen und das Einrichten starker **Gewohnheiten**, die dich dabei unterstützen, maßvoll zu entscheiden. Schließlich willst du nicht, dass dir am Ende des Tages alle deine produktiven Stunden gestohlen wurden, oder?

Beim Thema Energie setzen wir auch Grenzen, doch es geht auch ums Wahrnehmen und Umverlagern. Du verdienst es, deine Energie für jene Dinge zu sparen, die dir wirklich wichtig sind. Ein interessantes Tool dabei ist das **Energieaudit**. Glaube mir, es klingt technischer als es ist. Stell dir das vor wie ein schnelles Überfliegen deines Lebens, um herauszufinden, was dir Energie gibt und was sie dir nimmt. Schreib mal deine täglichen Aktivitäten auf und überlege, wie du dich durch sie fühlst. Einige Aufgaben und Menschen kosten Energie, während andere dich aufladen. Wo verlierst du meistens? Wo schöpfst du mehr Kraft?

Wenn du erkannt hast, wo die **Stromfresser** liegen, erkennst du auch neue Chancen, um besser zu steuern. Es geht darum, bewusst mit deiner Zeit und Energie umzugehen und sie für die Dinge einzusetzen, die dir wirklich wichtig sind. So kannst du nicht nur produktiver sein, sondern auch ein erfüllteres und **ausgeglicheneres** Leben führen.

Praktische Übung: Identifizieren deiner Grenztypen

Jetzt geht's los. Lass uns Schritt für Schritt herausfinden, welche **Grenzen** du in deinem Leben wirklich brauchst und welche du vielleicht schon gut bewahrst. Dieser Prozess kann anfangs etwas lästig erscheinen, aber er gibt dir wertvolle **Erkenntnisse** über dich selbst, glaub mir.

Fang damit an, eine einfache Liste zu erstellen. Klingt banal, ist aber wichtig. Schreib all deine täglichen **Aktivitäten** und Interaktionen auf. Arbeite von morgens bis abends – alles, was du machst oder mit wem du Kontakt hast. Alles zählt. Von dem Morgengespräch mit deinem Partner, dem Schnack im Büro bis hin zu den sozialen Medien, in denen du zu viel Zeit verbringst. Zu mühsam? Vielleicht. Aber dieser Schritt gibt dir einen vollständigen Überblick.

Liste fertig? Super. Jetzt wird's interessant. Nimm deine Liste zur Hand und schau dir jeden Punkt noch mal genau an. Nun ordnest du sämtliche Aktivitäten einem **Grenztyp** zu. Da sind physische Grenzen – Dinge, die du körperlich schwer erträgst, wie langes Pendeln oder Baulärm nebenan. Dann die emotionalen Grenzen, wenn dich gewisse Gespräche verletzen. Die mentalen Grenzen – was belastet deinen Kopf? Und zuletzt die Zeit- und Energiegrenzen – da, wo du dich ausgepowert fühlst. Jede Interaktion, jede Aktivität ordnest du nun diesen Kategorien zu. Manche passen in mehrere Kategorien – kein Problem.

Jetzt kommt der spannende Teil: deine Komfortbewertung. Jeder Grenztyp aus deiner Liste bekommt **Punkte**. Ab fünf ist eine Interaktion oder Aktivität okay – da fühlst du dich wohl. Darunter wird's unangenehmer. Sei großzügig, aber bleib ehrlich. Du wirst überrascht sein, welche Muster sich zeigen.

Apropos Muster. Jetzt geht's ans Eingemachte. Analysiere die Stärken und Schwächen in deinen jeweiligen **Grenzlinien** – mach dir ein paar Notizen dazu. In den einzelnen Zuordnungen zeigen sich vielleicht überforderte Emotionen, zu wenig Zeit für dich selbst oder sogar Ungeduld, wie das endlose Scrollen am Handy vor dem Schlafengehen. Wenn einige Interaktionen durchweg niedrige Bewertungen erhalten, frag dich: Woran könnte das liegen? Hier zeigt sich, welche Grenztypen bei dir gefestigt sind und welche noch wackeln.

Zum Schluss: Wähle ein **Grenzfeld** aus, in dem du dich verbessern möchtest. Vielleicht willst du öfter "Nein" sagen oder deine Zeiteinteilung optimieren. Konzentrier dich darauf, dieses eine Feld zu verbessern und arbeite gezielt daran. Kleine Schritte? Mag sein. Aber wahre Einsicht liegt oft in den Details.

Voilà – so setzt du achtsam Grenzen und gewinnst an **Lebensqualität**.

Zum Schluss

In diesem Kapitel ging es darum, die verschiedenen Arten von **Grenzen** in deinem Leben besser zu verstehen und zu schützen. Egal, ob es um physische, emotionale, mentale oder zeitliche Grenzen geht – sie alle tragen maßgeblich zu deinem **Wohlbefinden** bei. Durch das gezielte Setzen und Einhalten dieser Grenzen kannst du stressfreier, selbstbewusster und gesünder leben.

Du hast in diesem Kapitel erfahren, wie wichtig persönlicher Raum und körperliche Unversehrtheit sind. Außerdem hast du gelernt, wie emotionale Grenzen dein Wohlbefinden schützen und verhindern, dass du dich übermäßig auslaugst. Du weißt jetzt auch, warum geistige Grenzen wichtig sind, um deine Überzeugungen und **Gedanken** zu bewahren. Zudem hast du erfahren, wie du Zeit- und **Energieressourcen** bewusst verwalten kannst, um Erschöpfung und Überlastung zu vermeiden. Schließlich hast du einfache Techniken kennengelernt, um deine eigenen Grenzen besser zu erkennen und durchzusetzen.

Dieses **Wissen** bringt dir ein Stück weit mehr **Kontrolle** über dein eigenes Leben. Mach den ersten Schritt und wende das Gelernte aus diesem Kapitel sofort an! Es ist ein starkes **Mittel**, um dein Wohlbefinden langfristig zu sichern und in **Harmonie** mit dir selbst sowie deinem Umfeld zu leben. Also, ran an die Sache und lass es krachen!

Kapitel 5: Gesetze der Grenzen

Hast du schon mal darüber nachgedacht, warum manche Menschen mit dem Leben **klarzukommen** scheinen, während andere immer wieder ins Straucheln geraten? Ich habe mich oft gefragt, was den **Unterschied** ausmacht, und genau das wirst du in diesem Kapitel erfahren. Ich werde dir ein paar einfache, aber tiefgründige „**Gesetze**" vorstellen – Prinzipien, die dir helfen können, deine **Grenzen** zu erkennen und zu setzen. Aber keine Sorge, ich erwarte nicht, dass du zum Experten wirst. Dieses Kapitel soll dir ein bisschen **Klarheit** geben und vielleicht ein Aha-Erlebnis oder zwei bescheren. Am Ende wirst du sehen, wie ein paar einfache **Regeln** das Chaos in geordnete Bahnen lenken können. **Vertrauen** ist gut, Grenzen setzen ist besser. Bist du bereit herauszufinden, wie es **weitergeht**?

Das Gesetz des Säens und Erntens

Das Gesetz des Säens und Erntens klingt zunächst wie eine alte **Weisheit** deiner Großeltern: Was du säst, das wirst du ernten. Genau darum geht es hier – um persönliche **Verantwortung** und wie natürliche Konsequenzen dein Leben beeinflussen. Dieses Gesetz besagt, dass jede Handlung, sei sie gut oder schlecht, Folgen hat. Das bringt uns zur Frage der Verantwortung. Warum? Weil es bedeutet, dass du für alles, was in deinem Leben passiert, zu einem gewissen Grad selbst verantwortlich bist.

Wenn du zum Beispiel ständig Ja sagst, um allen zu gefallen, ohne auf deine eigenen **Bedürfnisse** zu achten, wirst du irgendwann die Konsequenzen ernten. Diese könnten sich in Form von Erschöpfung, Frust oder sogar einem Zusammenbruch zeigen. Ja, das sind schwere Themen, aber sie sind unglaublich wichtig. Es zeigt, dass du darauf achten musst, **Grenzen** zu setzen und mit den Folgen umzugehen, wenn du es nicht tust.

Der Knackpunkt ist, dass dieses Gesetz untrennbar mit deiner eigenen Verantwortung beim Setzen von Grenzen verknüpft ist. Wenn du deine Grenzen nicht wahrst oder sie ignorierst, wirst du ernten, was du gesät hast – und das kann ziemlich unangenehm werden. Warum? Weil du letztendlich für deine eigenen Bedürfnisse sorgen musst, und das beginnt mit klaren, festgelegten Grenzen.

Aber machen wir uns nichts vor – es geht auch ums **Loslassen**. Ja, wirklich. Du musst loslassen und akzeptieren, dass andere die Konsequenzen ihres eigenen Handelns tragen müssen. Denk an den nervigen Kollegen, der ständig deine Arbeit macht oder deine Pausen ignoriert. Indem du ihn seine Sachen selbst erledigen lässt, lernst du, dich nicht ständig verantwortlich zu fühlen – und das unterstützt auch gesunde Grenzen.

Das führt uns direkt zum nächsten Punkt: den natürlichen **Konsequenzen**. Vielleicht fühlst du dich unwohl dabei, andere ins offene Messer laufen zu lassen. Das mag sein, aber wie sagt man so schön: "Aus Fehlern lernt man." Anders ausgedrückt: Wenn andere nicht die Folgen ihres Handelns spüren, werden sie nie lernen, Grenzen zu respektieren. Eigentlich hilfst du ihnen, indem du sie ihre Fehler machen lässt... und nicht ständig den Retter spielst.

Lass uns mal drüber nachdenken: Wenn dein Nachbar letzte Woche deinen Rasenmäher geliehen hat und jetzt schon wieder fragt – aber du merkst, dass beim letzten Mal kein Benzin mehr im Tank war – was bedeutet das für dich? Setzt du die Grenze und sagst "Nein", damit er das nächste Mal seinen eigenen Tank auffüllt? Genau darum geht's. Du stärkst deine und auch seine Fähigkeit, mit Konsequenzen umzugehen, einfach indem du nicht immer nachgibst.

Okay, und wie können wir uns mit den Grenzen helfen? Da gibt's eine ziemlich praktische **Technik**. Sie nennt sich "Konsequenzabbildung". Das ist so einfach, wie es klingt. Du nimmst dir ein Blatt Papier und malst die Spur deiner Entscheidungen. Vielleicht nicht im wörtlichen Sinne, aber zeichne aus, wohin deine "Ja's" und "Nein's" führen könnten. Visuell erkennst du schnell, was schiefgehen kann oder welche Vorteile "Nein" sagen haben kann – clever, oder? Das Coole daran ist, dass du besonders die langfristigen Konsequenzen durch solche visualisierten Entscheidungen besser verstehst.

So entsteht ein Puffer, ein Bild im Kopf, wo Verantwortung und Grenzen zusammenkommen. Nicht zu vergessen: Du erhältst eine klare **Perspektive** und entfaltest ein Bewusstsein darüber, wie du für dich selbst und andere am besten sorgen kannst – durch das Gesetz des Säens und Erntens. Wichtig ist, sich im Alltag an die eigene Vergänglichkeit zu erinnern und zu schauen, was wirklich zählt.

Das Gesetz der Verantwortung

Verantwortung übernehmen. Einfach gesagt, es klingt fast wie eine Aufgabe eines Superhelden. Aber hier geht's nicht um das Retten der Welt, sondern um etwas vielleicht noch Wichtigeres — um das Retten deines inneren Friedens. Verantwortung ist der **Schlüssel** dazu, deine eigenen Grenzen festzulegen. Denn nur wenn du die Verantwortung für deine Handlungen und ihre Konsequenzen übernimmst, kannst du klar und deutlich festlegen, was für dich in Ordnung ist und was nicht. Gerade im täglichen Chaos ist es deine persönliche Verantwortung, deine **Grenzen** zu schützen, anstatt zuzulassen, dass sie laufend überschritten werden.

Aber es ist mehr als das. Es bedeutet auch, dass du nicht andere für deine eigene Unzufriedenheit oder Erschöpfung verantwortlich machst. Ja, es ist leichter, anderen die Schuld zu geben, wenn du dich überfordert fühlst. Aber, um es mal ehrlich zu sagen, oft ist die Wahrheit eher bitter: Du selbst hast selten „Nein" gesagt, obwohl du es besser gewusst hättest. Verantwortung ist die Voraussetzung, um voll und ganz hinter den eigenen Grenzen stehen zu können. Sie gibt dir nicht nur das nötige **Selbstvertrauen**, sondern hilft dir auch, dich zu positionieren — und das auf eine stabile und selbstsichere Art und Weise.

Jetzt lass uns über den Unterschied reden. Es gibt einen klaren Unterschied zwischen der Verantwortung für dich selbst und der Verantwortung für andere. Es ist wichtig, das zu verstehen, wenn's darum geht, Grenzen zu setzen. Verantwortung für dich selbst zu übernehmen bedeutet, dass du nur für deine **Gedanken**, Gefühle und Taten verantwortlich bist — das, wie du dein eigenes kleines Universum führst. Aber, und das ist entscheidend: Du bist nicht verantwortlich für das Handeln oder die Gefühle anderer. Klar, du kannst ihnen zuhören und für sie da sein, aber letztlich liegt es in ihrer Hand, selbst zurechtzukommen. Hier trennt sich die Spreu vom Weizen. Oft verwechseln wir diese beiden Ebenen der Verantwortung und das führt zu schlechter Laune, unnötigem Stress und verbogenen Grenzen.

Eine Falle? Definitiv. Stattdessen solltest du lernen, deine eigene Last zu tragen, ohne in die persönlichen Räume der anderen zu greifen. Das hat nichts mit Egoismus zu tun, sondern mehr mit der Klärung deiner Rolle in deinem Leben und in den **Beziehungen**, die du pflegst.

Hier kommt eine Übung ins Spiel, falls du dich dabei schwertust herauszufinden, wo deine Verantwortung anfängt und wo sie aufhört: Das Verantwortungsdiagramm. Der Sinn davon? Einfach mehr Klarheit. Auf einem Blatt Papier zeichnest du zwei Kreise. In den inneren Kreis schreibst du alle Dinge, für die du glaubst, direkt verantwortlich zu sein: deine eigenen Gefühle, deinen Job, deine

Gesundheit im Allgemeinen. In den äußeren Kreis schreibst du alles, wofür du meinst, allgemein verantwortlich zu sein, aber was nicht wirklich unter deinen **Einflussbereich** fällt: wie sich deine Kollegen an deinem Arbeitsplatz verhalten, das Wetter, sogar manchmal das Tempo, in dem dein Projekt vorangeht.

Der Punkt dieser Übung? Durch den Überblick erkennst du klar und deutlich, wo du wirklich etwas ändern kannst — und wo du leise loslassen musst.

Zusammengefasst, nur indem du lernst, für dich und nicht für andere zu denken und zu entscheiden, kannst du in der Lage sein, deine Grenzen selbstbewusst und kraftvoll einzuhalten. Das ist der Kern des **Gesetzes** der Verantwortung.

Das Gesetz der Macht

Es gibt da diese ruhige, aber beruhigende Wahrheit: Je mehr du deine eigene **Macht** verstehst, desto leichter ist es, **Grenzen** zu setzen. Denn es ist schwer, etwas zu schützen, wenn du gar nicht weißt, wie stark du wirklich bist, oder? Deine persönliche Macht liegt in deiner Fähigkeit zu **entscheiden**, was du akzeptierst und was du ablehnst. Es ist die Wahlfreiheit. Und die ist wichtig, um Grenzen zu setzen.

Mann, wie oft hast du dich in Situationen wiedergefunden, wo du Ja gesagt hast, obwohl du Nein meintest? So oft fühlt es sich an, als ob du keine Wahl hättest, aber das stimmt eigentlich nicht. Du hattest die Wahl – sie war nur vergraben. Zu tief vielleicht. Deine Macht richtig kennenzulernen, bedeutet, diese **Wahl** zu erkennen und wirklich zu verstehen, dass du deine eigenen Entscheidungen triffst. Je mehr du darüber nachdenkst, desto klarer wird es dir werden, auch Nein zu sagen und dabei kein schlechtes Gewissen zu haben – weil es deine Entscheidung ist, Punkt.

Ein weiterer Punkt, der oft unterschätzt wird, wenn es um Grenzen geht, ist das Konzept des **Kontrollortes**. Klingt vielleicht ein bisschen technisch, aber keine Sorge, es ist eigentlich ganz einfach. Es geht darum, ob du glaubst, dass die Kontrolle über dein Leben bei dir liegt, oder ob sie in den Händen anderer ist. Wenn du das Gefühl hast, dass andere alles kontrollieren, werden es auch deine Grenzen sein, die sie bestimmen. Das führt nur dazu, dass du deine Macht an andere abgibst – und wer will das schon? Deshalb ist es so wichtig, dass du dir sicher wirst: der Kontrollort liegt bei dir.

Denk einfach mal zurück: Wie oft – vielleicht ohne dass du es bewusst gemerkt hast – bist du diesen einen Schritt zurückgetreten und hast gesagt, "Daran kann ich nichts ändern" oder "Das ist nicht meine Entscheidung"? Das sind Aussagen, die deine "Macht" so ein kleines Stückchen verteilen – weg von dir. Wenn du aber weißt, dass du die **Kontrolle** hast, bekommst du das Ruder wieder in die Hand. Es wird leichter, klare Grenzen zu ziehen, und du stehst fester hinter der Entscheidung.

Also, wenn du Schwierigkeiten hast, rauszufinden, wo du deine Macht hast, wie wär's mit einer kleinen Übung? Wir nennen sie die „**Macht-Inventur**". Das Wort klingt komplizierter als es ist. Im Grunde geht es darum, all die Bereiche in deinem Leben aufzuschreiben, wo du wirklich Einfluss ausüben kannst. Das können kleine Dinge sein, wie die Entscheidung, wie du deinen Tag beginnst oder was du bei einem Problem sagst, bis hin zu größeren Dingen wie welche Beziehungen du pflegst, welche Projekte du bei der Arbeit betreust – all das zeigt, wo du deine Macht hast.

Mach es dir einfach, indem du an entscheidende Zeitpunkte in deiner Woche denkst. Situationen, in denen du das Gefühl hast, entscheiden zu können. Und wenn du es einmal aufgeschrieben hast, sieh dir das genauer an. Überlege dir: Wo hast du vielleicht übersehen, welche Macht du hattest? Es ist überraschend, wie oft wir mehr Kontrolle haben, als wir zunächst annehmen. Mit diesem Wissen stärkt sich dein Gefühl der **Selbstbestimmung**. Und das ist ein wesentlicher Schritt, um deine persönlichen Grenzen klarer und konsequenter zu ziehen.

Soweit, so gut. Wenn du dich näher damit beschäftigst... glaub mir, es wird dir nicht nur helfen, deine eigene Macht zu erkennen, sondern es wird dir auch diesen inneren Frieden geben, der eine echte Unterstützung ist. Grenzen setzen fühlt sich dann nicht nach einem inneren Kampf an, sondern nach dem normalen **Flow** deines Lebens. Du weißt einfach, was zu dir gehört und was eben nicht – und das geht so viel einfacher, wenn du deine Macht akzeptierst und wertschätzt.

Das Gesetz des Respekts

Hast du jemals **gemerkt**, dass, wenn du dich selbst respektierst, andere oft deine **Grenzen** klarer erkennen? Das kommt nicht von ungefähr. **Selbstachtung** ist wie der Grundstein. Wenn du deine eigenen Wünsche und Bedürfnisse ernst nimmst, erkennen das die anderen auch. Du strahlst das förmlich aus. Ehrlich gesagt, es geht nicht nur um Worte oder Taten. Nein, es steckt tiefer – in der Art, wie du dich selbst betrachtest und behandelst.

Manchmal fühlt es sich an, als gäbe es keine Wahl. Du sagst "Ja", obwohl du nicht möchtest. Warum eigentlich? Oft, weil du den Respekt vor dir selbst ein wenig beiseite schiebst. Aber sobald du beginnst, diesen Respekt wieder ins Zentrum zu rücken, ändern sich die Dinge. **Grenzen** setzen wird einfacher. Nein sagen? Klar, das klappt dann viel besser.

Interessanterweise verlangst du auch von anderen, dich ernst zu nehmen, statt dich bei jedem Preis zu verbiegen. So bleibt deine innere Balance bestehen. Es ist ein ständiges Hin und Her. Ein starker Ton von Selbstachtung in deinen **Handlungen** sorgt dafür, dass andere weniger geneigt sind, deine Grenzen zu überschreiten.

Im nächsten Schritt wird sofort klar, dass Respekt in **Beziehungen** keine Einbahnstraße ist.

Bisher haben wir über Selbstachtung gesprochen – was dir verständlicherweise individuellen Respekt einbringen wird. Aber Beziehungen sind da, um geteilt zu werden. Das bedeutet – du respektierst die Grenzen anderer, und die anderen respektieren deine. Es ist kein Einzelfall; es ist wechselseitiger Austausch. Stell dir das Ganze wie einen Tanz vor: Du führst eine Bewegung aus, und dein Partner antwortet passend darauf. Nur passiert das zwischen Grenzen.

Es gibt Momente, wo du vor der Wahl stehst, die Grenzen anderer zu achten oder sie ungewollt zu überschreiten. Indem du Grenzen respektierst, signalisierst du auch dein Bedürfnis nach Respekt. Es erinnert die Leute daran, wie wichtig es ist, sich gegenseitig zu verstehen. Wenn beide Seiten diesen Respekt praktizieren, florieren Beziehungen. Das **Vertrauen** steigt und das Miteinander wird stabiler. Das ist keine Einbahnstraße, sondern ein harmonischer Austausch.

Und schlussendlich stellt sich die Frage: Wie kannst du diesen Selbstrespekt in den **Alltag** bringen? Hierbei fällt mir eine einfache und sehr effektive Übung ein: die „Respekt-Affirmation."

Bevor du keine gegenseitige Verständigung hast, braucht es Stabilität in dir. Das ist so etwas wie dein innerer Anker – und genau da kann die Respekt-Affirmation helfen. Nimm dir morgens Zeit, allein mit dir zu sein. Sag Sätze wie „Ich verdiene Respekt" oder „Ich respektiere meine Grenzen" innerlich oder auch laut vor. Es sollte jedoch keine automatische Floskel sein – vielmehr ein **Mantra**, das mit Bedeutung erfüllt ist. Dein Ziel? Sobald du aufwachst, hast du diese Sätze von tief innen verinnerlicht. Immer wenn du konfrontiert wirst und dich von außen bedrängt fühlst, wiederholen sich diese Sätze. Es gibt dir die Stärke, klar Position zu beziehen. Ob im Job, unter Freunden oder in der Familie – du bleibst fest geerdet, denn deine Grenzen stehen im Mittelpunkt, klar und gut geschützt.

Selbstachtung, Respekt in der Beziehung und tägliche Übungen wie die Affirmation sind die Pfeiler, um stabile und gesunde Grenzen zu schaffen. So gewinnst du Kontrolle zurück, ohne dich obendrein schlecht zu fühlen.

Praktische Übung: Anwendung von Grenzgesetzen

Okay, los geht's! Hol dir eine Situation aus deinem Leben vor Augen, bei der es gerade um **Grenzen** hakt. Vielleicht nervt dich ständig ein Kollege, eine Freundin lässt dich nicht in Ruhe, oder ein Familienmitglied mischt sich ungefragt in deine **Angelegenheiten** ein. Such dir etwas aus, das dich wirklich **beschäftigt** und wo deine **Gefühle** ins Spiel kommen.

Jetzt überleg mal, welche **Grenzgesetze** du in dieser Situation anwenden könntest. Denk daran, dass es nicht darum geht, andere zu verurteilen oder zu verändern, sondern darum, deine eigenen **Grenzen** klar zu setzen und zu wahren.

Stell dir vor, wie du diese Grenzen in der **Praxis** umsetzen würdest. Was würdest du sagen oder tun? Wie könntest du deine **Bedürfnisse** ausdrücken, ohne die andere Person anzugreifen?

Vergiss nicht, dass es bei Grenzen nicht nur um harte Regeln geht. Es geht auch darum, wie du dich **fühlst** und was du brauchst, um dich wohl und respektiert zu fühlen.

Zum Schluss überleg dir, wie du in Zukunft mit ähnlichen Situationen umgehen möchtest. Welche **Strategien** kannst du entwickeln, um deine Grenzen konsequent zu wahren, ohne deine Beziehungen zu gefährden?

Diese Übung hilft dir, deine Grenzen besser zu verstehen und durchzusetzen. Mit der Zeit wird es dir leichter fallen, deine **Bedürfnisse** zu kommunizieren und für dich selbst einzustehen.

Zum Schluss

In diesem Kapitel hast du viel über die **Gesetze von Grenzen** gelernt und wie sie dein Leben beeinflussen können. Die Hauptpunkte fassen die wichtigsten Aspekte zusammen und zeigen, wie du das Gelernte praktisch anwenden kannst.

Du hast in diesem Kapitel erfahren:

• Die **Verantwortung**, Grenzen zu setzen, liegt bei dir.

• Natürliche **Konsequenzen** können eine gesunde Grenze verstärken.

• Der Unterschied zwischen **Eigenverantwortung** und Verantwortung für andere ist entscheidend.

• Gewisse **Macht** und Kontrolle im eigenen Leben zu erkennen, stärkt deine Grenzen.

• **Selbstachtung** bildet die Grundlage dafür, dass andere deine Grenzen respektieren.

Indem du dich bewusst mit diesen Gesetzen auseinandersetzt, kannst du stärkere und gesündere **Grenzen** aufbauen. Denk daran, dass jeder Schritt zählt, und auch kleine Fortschritte dich weiterbringen. Wie wäre es, wenn du ab jetzt diese Gesetze im **Alltag** einsetzt? Starke Grenzen führen zu einem Leben mit mehr Zufriedenheit und Klarheit – das ist es doch wert, oder?

Kapitel 6: Die Kunst des Neinsagens

Warum fällt es uns oft so schwer, einfach „Nein" zu sagen? Ich kenne das Gefühl zu gut—dieses **Gewissen**, das nicht locker lässt. Und vielleicht kennst du dieses nagende Gefühl ebenfalls. In diesem Kapitel geht's darum, dich von der Last der **Zustimmung** zu befreien. Ich lade dich ein, neu zu entdecken, wie stark ein einfaches „Nein" sein kann.

Direkte Antwort gefällig? Auch wenn du dir jetzt vielleicht mickrig vorkommst, du bist nicht allein. Mir ging's genauso, bis ich lernte, wie **souverän** man wirklich „Nein" sagen kann. Ohne die miese Stimmung, ohne das ständige Ja-Sagen. Tut es nicht gut, diese **Vorstellung**?

Hier wirst du nicht nur **Techniken** kennenlernen, wie du dein „Nein" so einsetzt, dass es wirkt—du lernst auch, wie du mit der **Gegenwehr** umgehst. Und lass uns ehrlich sein: Es wird einen **Versuch** wert sein! Bereit? Zeit, dein inneres **„Nein"** zu stärken.

Die Kraft des Neins verstehen

Weißt du, dass das einfache Wort "Nein" eine unglaublich starke **Kraft** in deinem Leben sein kann? Es ist der **Schlüssel**, der dich schützt – vor allem, was deine eigenen **Grenzen** und **Werte** infrage stellt oder gefährdet. Stell dir vor: Jedes "Nein", das du aus tiefstem Herzen sagst, zieht eine unsichtbare Linie um dich. Diese Linie zeigt der Welt genau, was du willst und was nicht. Sie macht klar, wofür du stehst, und niemand darf ungefragt diese Grenze überschreiten. Klingt doch ziemlich gut, oder?

Aber oft gibt's da dieses nagende Gefühl, gefällig oder nett sein zu müssen. Du denkst vielleicht, du würdest jemanden verletzen, wenn du "Nein" sagst. Dann machst du bei Sachen mit, die du eigentlich gar nicht willst, oder fühlst dich übergangen. Kommt dir das bekannt vor? Genau hier ist es wichtig zu verstehen, dass dein "Nein" nicht nur eine Absage an die Wünsche anderer ist, sondern auch ein "Ja" zu den Dingen, die dir wirklich wichtig sind. Es geht darum, deine persönlichen Werte und Grenzen bewusst zu schützen. Praktisch wie ein Superheld, der seinen Schutzschild hochhält.

Und hier kommt's: Jedes klare "Nein" stärkt deine **Selbstachtung** und **Authentizität**. Stell dir deinen Selbstwert als Tank vor. Jedes Mal, wenn du "Nein" sagst, füllst du ihn auf. Warum? Weil du dir selbst zeigst, dass deine eigenen Bedürfnisse zählen. Das, was dir wichtig ist, ist es wert, verteidigt zu werden. Und das wirkt nicht nur nach außen, sondern auch nach innen: Du kümmerst dich besser um dich selbst. Du spürst, wie sehr du dich selbst respektierst. Es ist fast so, als würde dein wahres Ich strahlender und deutlicher hervortreten, wenn du "Nein" sagst.

In meinem Leben hat das Üben von "Nein" mir genau diese innere Stärke gebracht. Die Fähigkeit, Nein zu sagen, zeigt auch anderen, dass du zu dir selbst stehst. Selbst in Momenten, in denen du dir vorher nie vorstellen konntest, ein "Nein" auszusprechen, wird es dir von Tag zu Tag ein bisschen leichter fallen.

Jetzt möchte ich dir eine Übung vorstellen, die ich einfach "Nein-Übung" nenne. Nichts Kompliziertes – ich mag's simpel. Zieh dich kurz zurück, vielleicht abends, und spiel gedanklich eine Situation durch, in der du "Nein" sagst. Stell dir genau vor, wie du in dieser Situation ruhig und klar dein Nein ausprichst – ohne Umschweife, ohne überflüssige Erklärungen. Fang ruhig klein an. Zum Beispiel ein Meeting, in dem du das zehnte Extra-Projekt ablehnst, weil du bereits zu viel auf dem Tisch hast. Dieses gedankliche "Training" kann verblüffend hilfreich sein. Es bereitet dich vor – in der richtigen Situation fühlt es sich dann nicht mehr so fremd oder schwierig an.

"Nein" zu sagen kann sich mächtig anfühlen. Besonders, weil du weißt, dass du in dem Moment etwas für dich getan hast. So viel für heute. Probier die Nein-Übung mal für einige Zeit aus. Du könntest überrascht sein, wie viel **stärker** und **authentischer** du daraus hervorgehst.

Schuldgefühle überwinden beim Nein-Sagen

Du kennst es wahrscheinlich: Ein Kumpel bittet dich um **Hilfe**, Kollegen wollen noch ein Extra von dir, oder die Familie möchte, dass du bei etwas einspringst, worauf du keinen Bock hast. Trotzdem sagst du oft "Ja", obwohl dir "Nein" auf der Zunge liegt. Aber warum eigentlich? **Schuldgefühle** sind oft der Grund, der uns davon abhält, Nein zu sagen.

Diese Schuldgefühle kommen häufig daher, dass du Angst hast, andere zu enttäuschen oder vielleicht als unhöflich oder egoistisch rüberzukommen. Du willst es allen recht machen – eine nette Eigenschaft, aber es kann dich auch echt fertig machen. Wenn du zu oft Ja sagst, ignorierst du nicht nur deine eigenen **Grenzen**, sondern knabberst auch an deinem Selbstwertgefühl. Kennst du das Gefühl von Frust und Erschöpfung, nachdem du wieder mal ein ungewolltes "Ja" rausgehauen hast? Das ist ein deutliches Zeichen dafür, dass da was im Argen liegt.

Es scheint, als wären Kritik oder Ablehnung für dich unangenehme Risiken. Klar, wer will schon aus der Reihe tanzen oder als "der Neinsager" dastehen? Aber gerade diese ständigen Schuldgefühle – aus Angst heraus – führen langfristig zu innerer Unruhe und wecken oft sogar Ärger gegen diejenigen, denen du eigentlich helfen wolltest.

Aber weißt du was? Es gibt gesunde und ungesunde Schuldgefühle. Es ist echt wichtig, den Unterschied zu checken, wenn du souverän Nein sagen möchtest.

Anders gesagt, gesunde Schuldgefühle entstehen, wenn du tatsächlich moralisch oder ethisch was verbockt hast. Zum Beispiel, wenn du vergisst, den Hund des Nachbarn zu füttern und der arme Kerl am Ende hungrig bleibt. Ja, da sind Schuldgefühle angebracht, und du solltest daran arbeiten, sowas in Zukunft zu vermeiden. Aber wenn du einfach mal nicht für jemanden die Hausarbeit machst, weil du selbst dringend eine Auszeit brauchst – dann ist dieses leichte schlechte **Gewissen** eigentlich völlig überflüssig.

Ungesunde Schuldgefühle dagegen kommen oft von Erwartungen, die du erfüllt hast, ohne dass es dafür einen vernünftigen Grund gab. Vielleicht wurde dir als Kind beigebracht, dass "sich selbst zurückzunehmen" das Richtige ist. Aber im Erwachsenenleben halten dich dieselben Regeln nicht nur zurück, sie machen dich auf Dauer auch unglücklich. Diese ungesunden Schuldgefühle führen meistens dazu, dass du unausgeglichener und weniger du selbst wirst.

Wie kriegst du also ein schlechtes Gewissen in den Griff, wenn du Nein sagst? Eine Möglichkeit ist der Einsatz eines "schuldfreien Nein"-**Skripts**. Das ist eine klare, freundliche Art, deine Antwort zu geben, ohne danach in Selbstzweifeln zu versinken.

Fang an mit einem deutlichen, klaren "Danke für die Anfrage, aber ich muss leider absagen." Kurz und schmerzlos. Wenn du noch was hinzufügen willst, kannst du sagen: "Ich würde das echt gerne machen, aber zurzeit muss ich meine Zeit gut einteilen, und es passt einfach nicht rein." Fertig. Keine Rechtfertigungen, kein Gegenvorschlag. Einfach Klartext.

Es wäre cool, wenn man sich ohne Stress oder Schmerz so äußern könnte und hinterher nicht mehr daran denkt. Je öfter du dein neues "Schuldfreies Nein"-Skript anwendest, desto entspannter und selbstsicherer wirst du damit.

Hier zeigt sich die wahre Stärke: Erkenne deine eigenen **Grenzen** und respektiere sie. Es ist nichts Verwerfliches daran, auf sich selbst zu achten und das eigene Wohlbefinden im Blick zu haben.

Also, die Hürden beim Nein-Sagen zu überwinden bedeutet, sich von unnötigen, belastenden Schuldgefühlen zu befreien. Es geht darum, ungesunde Gewissensbisse in ihre Schranken zu weisen und gesunde Abgrenzung als wichtigen Teil deines Alltags zu akzeptieren. Jedes Nein trägt dazu bei, dass dein "Ja" echt und voller **Begeisterung** ist – und nicht aus einem Gefühl der Verpflichtung heraus entsteht.

Techniken, um Nein zu sagen

Manchmal ist die Art, wie du etwas sagst, mindestens genauso wichtig wie das, was du sagst. Wenn es ums **Nein-Sagen** geht, können deine **Körperhaltung** und der **Tonfall** deinen Ausdruck verstärken – oder abschwächen. Nicht nur die Worte zählen hier, sondern auch, wie du die Botschaft rüberbringst. Stehst du fest auf beiden Beinen, Schultern zurück und mit einem **Blickkontakt**, der sagt: "Ich mein's ernst", dann weiß dein Gegenüber sofort, dass dein Nein tatsächlich ein Nein ist. Ein zögerlicher Blick, leichtes Händeringen oder eine leise Stimme können jedoch Zweifel säen. Das Signal, das du aussendest, muss genau zu deinem inneren Entschluss passen, sonst fällt es dir schwer, deine Grenze zu wahren.

Der Tonfall ist ebenfalls ein machtvolles Werkzeug. Probier's mal aus: Wenn du „Nein" in einem sanften, unsicheren Tonfall sagst und dann nochmal in einem deutlichen, festen Tonfall, spürst du den

Unterschied sofort. Im Ernst: Selbst wenn du unsicher bist und dich innerlich aufregst – versuch, ruhig und bestimmt zu klingen. So nimmt dich das Gegenüber ernster, weil dein Tonfall deine Entschlossenheit unterstreicht. Aber pass auf, dass du nicht aggressiv rüberkommst. Der Schlüssel liegt darin, selbstbewusst zu wirken, ohne dass es wie ein Angriff klingt. So schaffst du es, Nein zu sagen, ohne dass die Ablehnung schlecht ankommt.

Stell dir jetzt vor, dass du dein Nein noch klarer und knapper formulierst. Da setzt du dann den berühmten, kurzen und knackigen Satz ein. Menschen neigen oft dazu, sich unnötig für ihr Nein zu rechtfertigen. Du kennst es sicher: Man will niemanden vor den Kopf stoßen und redet drum herum, bis das eigentliche Nein verwässert ist. Aber Nein sagen ist wie Pflaster abziehen – je schneller, desto besser. Wenn du deine **Ablehnung** kurz hältst und nichts unnötig erklärst, dann bleibt auch weniger Raum für Missverständnisse. „Ich kann das heute leider nicht machen" funktioniert viel effektiver als eine lange Erklärung, warum du keine Zeit hast, was in deinem Terminkalender steht oder was du stattdessen machst. Weniger ist mehr, und die klaren Worte „Es geht leider nicht" sagen alles aus. Punkt.

Und dann gibt's noch die „**Broken Record**"-Technik – hast du davon schon gehört? Stell dir vor, du bist ein alter Plattenspieler. Dein Gegenüber will ein Argument nach dem anderen gegen dein Nein ins Rennen schicken, aber du bleibst immer bei deinem „Ich kann das heute nicht machen." „Aber warum nicht?", fragt er. Deine Antwort? Wieder das Gleiche: „Ich kann das heute nicht machen." Und so weiter, bis er kapiert, dass du dich nicht beirren lässt. Am Ende bleibt dein Nein fest bestehen, weil du dich nicht in Diskussionen verstrickst. Du drehst nicht nur die Platte, du bist derjenige, der bestimmt, wann die Musik ausgehen soll. Kurz, klar und beharrlich – diese Technik macht dein Nein unverrückbar und schützt dich vor Umstimmung. Selbst wenn du tausend Argumente an den Kopf geworfen bekommst, bleibst du cool und wiederholst nur deinen Standpunkt.

Es kommt also auf das **Gesamtpaket** an: Körpersprache, Tonfall, Klarheit und Strategie. Du hast die Fähigkeit, ein solides Nein zu liefern, das nicht nur hilft, deine Zeit und Energie zu schützen, sondern auch deine Selbstachtung wahrt. Wer diese Techniken beherrscht, kann Nein sagen, ohne dass ein schales Gefühl zurückbleibt.

Umgang mit Widerstand, wenn du Nein sagst

Sobald du ein klares **Nein** äußerst, wird es oft nicht einfach akzeptiert. Es gibt viele Menschen, die Schwierigkeiten damit haben, ein Nein hinzunehmen, und daher **Taktiken** anwenden, um dich umzustimmen. Diese Taktiken können auf verschiedene Weisen auftreten. Vielleicht konfrontieren sie dich mit Argumenten, die dein Nein als unvernünftig darstellen sollen. Andere versuchen, **Schuldgefühle** bei dir zu wecken — nach dem Motto: „Du lässt mich hängen!". Oder sie machen subtile Bemerkungen, die an deinem Verantwortungsbewusstsein rütteln sollen. Vielleicht wird versucht, dein Nein als unbedeutend abzutun und dir zu versichern: „Ach, das ist doch kein Problem, mach das mal eben!"

Manchmal ist es auch nicht so offensichtlich; vielleicht geschieht alles auf einer charmant-manipulativen Ebene. Da wird dann mit einem Lächeln oder einem Scherz versucht, das Nein in ein Ja zu verwandeln. Wie dem auch sei, es ist erstaunlich zu beobachten, wie kreativ Menschen werden können, wenn sie ein Nein nicht akzeptieren wollen. Aber ehrlich gesagt... lassen wir uns oft von solchen Methoden beeinflussen.

Wenn du weiterhin stark bleiben willst, ist es hilfreich, zu verstehen, was wirklich vor sich geht. Eine der effektivsten Methoden, dies zu tun, ist es, den **Trick** zu erkennen – das ist bereits der halbe Sieg.

Der nächste Schritt hingegen, ist die Umsetzung: das Vermeiden von JADE.

Wenn wir auf **Widerstand** stoßen, ist es verlockend, sich zu rechtfertigen, zu argumentieren, sich zu verteidigen oder die eigenen Handlungen zu erklären – genau das meint JADE (Rechtfertigen, Argumentieren, Verteidigen, Erklären). Oft neigen wir dazu, unseren Standpunkt detailliert und gründlich zu erklären, weil wir glauben, dass der andere dann eher verstehen und akzeptieren würde, warum wir Nein sagen. In Wirklichkeit führt dies jedoch nur allzu oft zu neuen Gegenargumenten und damit zu einem endlosen Gespräch.

Jede Erklärung bietet dem anderen eine Gelegenheit, unsere Entscheidung anzugreifen. Vielleicht spielst du dabei nicht einmal mit Absicht den Advocatus Diaboli, aber dein Gegenüber erhält dennoch den Schub, deine Gründe zu widerlegen. Sobald wir beginnen, uns zu rechtfertigen, geben wir dem anderen die Chance, Geschütze aufzufahren. Kurzum: Anstatt dir zu helfen, schwächt JADE oft die eigene Position. Es gibt also gute Gründe, es zu vermeiden.

Aber wie kannst du das konkret umsetzen? Wie gelingt es, ruhig und bestimmt zu bleiben, ohne in eine dieser Fallen zu tappen? Genau hier kommt die "**Pushback-Vermeidung**"-Strategie ins Spiel.

Die Kernidee hinter dieser Strategie ist, vorherzusehen, dass Widerstand kommen könnte, und darauf vorbereitet zu sein. Das bedeutet allerdings nicht, dass du ständig auf der Hut sein musst, sondern dass du stark und klar deine Entscheidung beibehältst, ohne dich in Diskussionen oder Erklärungen zu verwickeln. Dies kann ganz einfach sein: Du gibst freundlich, aber bestimmt eine kurze Antwort und lässt dann das Thema wechseln. So einfach ist es. Vielleicht etwas wie: „Das passt für mich so nicht. Lass uns über etwas Anderes reden." Oder: „Ich habe diese Entscheidung aus gutem Grund getroffen".

Durch diese Strategie schenkst du dem anderen keine Angriffsfläche. Wenn keine langwierigen Erklärungen folgen, bleibt auch keine Möglichkeit für Widerwort... und du hast die **Kontrolle** über das Gespräch bewahrt. Du lenkst es auf eine neue Bahn. Und das Tolle daran – du musst dich nicht mehr rechtfertigen, sondern kannst dein Nein so stehen lassen. Steh dazu. Stark und klar.

Praktische Übung: Üben Sie Ihre "Nein"-Antworten

Fällt es dir manchmal schwer, **Nein** zu sagen? Keine Sorge, das geht vielen so. Es gibt viele **Situationen**, in denen wir uns gedrängt fühlen, ja zu sagen, obwohl wir es eigentlich nicht möchten. Aber mit ein wenig Übung kannst auch du lernen, in diesen Momenten selbstbewusst und klar Nein zu sagen.

Schreib dir erst mal fünf Situationen auf, in denen dir das Nein-Sagen besonders schwerfällt. Nimm dir hierfür ruhig ein paar Minuten Zeit. Es könnten **Situationen** sein, wie wenn ein Kumpel dich um einen Gefallen bittet oder wenn ein Kollege noch mehr Arbeit auf deinen Schreibtisch legt. Vielleicht fällt es dir auch schwer, Nein zu sagen, wenn du schon Pläne hast, jemand aber vorschlägt, etwas anderes zu machen.

Diese Liste ist wichtig, weil sie dir hilft, deine eigenen Schwachstellen zu erkennen. Indem du dir klar machst, in welchen Situationen du am ehesten umkippst, bist du schon mal besser auf solche Momente vorbereitet. Ok, bereit zum Weitermachen?

Jetzt, wo die Liste vor dir liegt, wechseln wir zum nächsten Schritt.

Formuliere eine klare und prägnante Nein-**Antwort** für jede dieser Situationen. Überlege dir, was du in diesen Momenten konkret sagen könntest. Und versuch, direkt auf den Punkt zu kommen. Zum

Beispiel: Wenn dich jemand fragt, ob du noch eine Aufgabe übernehmen kannst, könntest du einfach sagen: "Danke, dass du an mich gedacht hast, aber ich hab momentan leider keine Kapazitäten mehr." Du siehst: Es muss gar nichts Kompliziertes oder Langes sein. Einfach, kurz und höflich.

Es ist auch hilfreich, **Sätze** zu entwickeln, die dir leicht von den Lippen kommen und dabei trotzdem freundlich klingen. Mach dir klar, dass ein Nein nicht gemein oder unhöflich ist. Es ist schlicht und einfach eine Grenzsetzung, die dir hilft, deine eigenen **Bedürfnisse** zu wahren.

Wenn du all deine Antworten aufgeschrieben hast, bist du bereit für den nächsten Schritt. Aber keine Sorge – wir machen's langsam und stetig.

Fang jetzt an, jede deiner Antworten laut auszusprechen. Und ja, wirklich laut. Es geht darum, dich daran zu gewöhnen, diese Sätze tatsächlich auszusprechen, und nicht nur in deinem Kopf. Achte darauf, wie sich dein **Tonfall** anhört. Versuche, bestimmt zu klingen, aber gleichzeitig auch ruhig und locker. Dein Körpersignal muss genauso klar sein wie deine Worte – steh aufrecht und halte Augenkontakt, so wie du das im realen Leben auch tun würdest.

Jetzt geht's ans Eingemachte.

Übe diese Szenarien mit einem Kumpel – jemandem, dem du vertraust. Ihr könnt dabei abwechseln, dass einer fragt und der andere Nein sagt und auf die Reaktion eingeht. Sollte dein Kumpel dich doch noch zu einem „Ja" überreden wollen, wie würdest du dann bleiben? Klare **Haltung** bewahren; das ist die Herausforderung. Hier zählt das Üben auf Augenhöhe, bis dir das Nein-Sagen fast schon leichtfällt.

Wenn du diese Übung mit einem Kumpel durchgespielt hast, ist es Zeit für den abschließenden Schritt.

Reflektiere die **Erfahrung**. Wie hast du dich gefühlt? Hat sich etwas Unbequemes herauskristallisiert? Wurden Sätze repetitiv benötigt? Vielleicht gibt's sogar einzelne Formen, die besser zu dir passen. Feinjustier sie nach dieser Überlegung. Jeder zischt durchs Leben unterschiedlich und dieses ständige Feedback hin und her hilft dir, deine Formeln nachzuschärfen, bis sie makellos passen.

Fühlst du dich sicherer im Umgang mit „Nein"-Sagen? Hab' Vertrauen – es wird mit jedem Mal leichter. Schreib diese Übung in deinen Kalender, wiederhol sie regelmäßig und du wirst staunen, wie schnell du Fortschritte machst.

Zum Schluss

In diesem Kapitel hast du gelernt, wie **mächtig** das Wort "Nein" in deinem Leben sein kann. Es kann dir helfen, deine persönlichen **Grenzen** zu schützen und deine eigenen **Werte** zu wahren. „Nein" zu sagen, ist ein wichtiger Schritt zu mehr **Selbstachtung** und **Authentizität**. Um die Übungen aus diesem Kapitel effektiv umzusetzen, erinnere dich an die Prinzipien aus den Übungen und **Techniken**, die du nun kennst. Lass dich nicht verunsichern – das Üben macht den Unterschied.

In diesem Kapitel hast du gesehen, wie wichtig es ist, „Nein" zu sagen, um deine Grenzen und Werte zu schützen. Du hast gelernt, dass Selbstachtung und Authentizität durch das bewusste Sprechen von „Nein" gestärkt werden. Außerdem hast du die häufigen Gründe für **Schuldgefühle** kennengelernt, wenn du zu jemandem Nein sagst, und den Unterschied zwischen gesundem und ungesundem Schuldgefühl verstanden. Darüber hinaus hast du **Strategien** erworben, um auf „Nein" freundlich und entschieden zu bestehen, auch gegen Widerstand.

Nutze die Lerneinheiten und Selbstreflexionsübungen aus diesem Kapitel, um in schwierigen Situationen leichter „Nein" zu sagen. Es mag nicht immer einfach sein, das Gelernte anzuwenden, doch es wird dir helfen, dein Leben in einer ehrlichen und respektvollen Weise zu gestalten. Mach dir dein verstärktes Gefühl von Selbstbewusstsein zunutze und trau dich, deine Grenzen durchzusetzen! Du wirst sehen, wie befreiend es sein kann, authentisch zu dir selbst zu stehen.

Kapitel 7: Klare Grenzen setzen

Hast du jemals das Gefühl, dass du ständig **Grenzen** ignorierst oder sie schmerzhaft überschreitest? Ich weiß - es passiert schneller, als man denkt. In diesem Kapitel gehen wir zusammen den Fragen nach, wie du deine eigenen Grenzen definierst, sie klar ansprichst und **durchsetzt**. Erst wenn du weißt, was du nicht willst, kannst du auch sicherstellen, dass niemand darüber hinweggeht.

Es hängt auch viel davon ab, wie du **Willenskraft** durch Konsistenz stärkst. Du wirst lernen, was du tun kannst, wenn Leute deine Grenzen herausfordern. Es wird nicht immer **bequem** sein, aber es wird sich lohnen. Am Ende gibt es eine Übung, also mach dich mental bereit!

Denn am Ende des Tages wirst du erkennen, dass Grenzen dich nicht einschränken müssen... sie geben dir **Freiheit**. Bist du bereit, etwas Neues auszuprobieren? Es geht darum, deine **persönlichen** Grenzen zu erkennen und zu respektieren. Du wirst sehen, wie du deine **Bedürfnisse** klar kommunizieren und deine **Integrität** wahren kannst, ohne anderen zu nahe zu treten.

Also, lass uns gemeinsam herausfinden, wie du deine Grenzen setzen und dabei authentisch bleiben kannst. Es wird eine spannende Reise, die dir helfen wird, selbstbewusster und zufriedener durchs Leben zu gehen.

Deine persönlichen Grenzen definieren

Hast du schon mal darüber nachgedacht, was für dich okay ist und was nicht? **Selbsterkenntnis** - das ist hier entscheidend. Es braucht schon ein bisschen Mut für das Wort "Selbstreflexion", aber am Ende des Tages hilft es dir wirklich weiter. Ohne Selbstreflexion weißt du nicht, wo deine Grenzen liegen, und wie kannst du sie dann setzen, wenn du sie nicht kennst?

Nimm dir Zeit, in dich zu gehen. Denk an **Situationen**, in denen du dich unwohl gefühlt hast, bei denen du dachtest, ach das hätte anders laufen können. Warum fühlst du das? Liegt es daran, dass jemand über deine „unsichtbare Grenze" gegangen ist, weil du sie nicht klar gezogen hast? Diese Momente helfen, solche Grenzen zu erkennen. Es ist fast so, als würdest du Form an eine unsichtbare Linie in dir selbst anlegen. Hör in dich rein - fühl in dich rein. Was fühlt sich für dich in Gesprächen, bei der Arbeit oder in Beziehungen behelligend an? Denn genau das zeigt dir deine **Grenzen**.

Aber wenn wir genau darüber nachdenken, sind es wirklich mehr unsere **Werte** und **Prioritäten**, die diese Grenzen entweder verstärken oder anpassen. Denk an deine Werte - vielleicht ist es etwas wie Ehrlichkeit. Wenn sie hoch oben auf deiner Liste stehen und jemand immer wieder mit falschen Tatsachen ankommt, kommst du leicht dazu, diese Person als Grenze wahrzunehmen. Vielleicht möchtest du in diesen Sachen weniger Zeit investieren oder sie ganz ausschließen.

Unsere Prioritäten - die Was-will-ich-Sachen - spielen ebenfalls eine riesige Rolle. Wo möchtest du Energie und Zeit investieren? Familientreffen versus Me-Time oder extra Aufgaben übernehmen versus Freizeit genießen. Wenn du über deine Grenzen nachdenkst, frag dich selbst diese Fragen: Richten sich meine Entscheidungen nach meinen echten Wünschen und **Bedürfnissen** aus? Dein

Kalender wird so schnell gefüllt sein, aber wenn die Aktivitäten nicht deinen Werten und deinen Zielen entsprechen, macht das nichts anderes, als deinen Tank leerzusaugen. Übrigens, das macht dich am Ende weder glücklich noch gelassen, oder?

Wenn wir unsere persönlichen Grenzen klarer machen wollen, kann die "Grenzlinien"-Übung unglaublich hilfreich sein. Machen wir uns nichts vor, das, was sich vielleicht als "diffus" in uns anfühlt, benötigt manchmal einfach ein knackiges Bild.

Stell dir eine Linie vor. Diese Linie ist deine Grenze. Kreiere deinen "Safe Space" auf der einen Seite - alles, was innerhalb dessen bleibt, lässt dich wohlfühlen. Nehmen wir z.B. deinen **Arbeitsplatz**: Lege fest, bis wie spät du bereit und willens bist, E-Mails zu checken; stelle auch sicher, dass deine Kollegen wissen, dass danach "Feierabend" ist. Und in **Beziehungen** könnte es die Option sein, dass du Zeit allein brauchst — besonders zu Hause zur "Gute-Nacht-Zeit". Klare Linien dafür zu ziehen hilft auch, diese erkennbar zu haben - dein Freund fragt: „Könntest du...?" - und du weißt, ob ein klares NEIN die Antwort darauf ist. Ein klares Ja geht nur da, wo deine Werte respektiert werden.

So simpel ist es, wenn du wirklich darauf achtest. Es endet meist damit, dass du etwas Passendes für deine Werte, deine Prioritäten und dein Wohlbefinden findest, indem du jemandem sagst, was gerade bei bestimmten Anforderungen für dich drin ist und was nicht.

Recht simpel, um's Ganze auf den Punkt zu bringen, oder?

Deine Grenzen effektiv kommunizieren

Seine **Wünsche** und **Bedürfnisse** klar zu kommunizieren, erfordert schon etwas Mut, oder? Aber wenn du es erstmal richtig drauf hast, kann das echt befreiend sein. Es erleichtert dir das Leben und stellt sicher, dass andere genau wissen, wie weit sie gehen können. Wie fängst du also an, **Kommunikationsstrategien** für klare und selbstbewusste Grenzen zu entwickeln?

Lass uns zunächst die Elemente überprüfen, die eine klare, selbstbewusste **Grenzkommunikation** überhaupt erst möglich machen. Dazu gehört vor allem **Klarheit**. Es ist wichtig, keine schwammigen Aussagen zu treffen, die andere nur verwirren. Also kein „Vielleicht, wenn es dir passt" oder „Könnte sein, dass ich lieber etwas anderes machen will". Besser wäre z. B. „Ich brauche eine Pause bis dahin, lass uns um 14 Uhr weitermachen." Je klarer deine Ansage, desto weniger Raum gibst du für Missverständnisse.

Zudem sollte **Entschlossenheit** in deinem Ton mitschwingen. Deine Stimme, deine Mimik—alles soll ausdrücken, dass du fest dahinter stehst, was du sagst. Es ist okay, ruhig zu bleiben, aber lass anderen keinen Anlass, an deiner Entscheidung zu zweifeln, ja? Ein anderes Element ist die Wiederholung. Manchmal kann es nämlich passieren, dass die Leute versuchen, dich herumzukriegen und zu überzeugen, deine Meinung zu ändern. Wenn das der Fall ist, wiederhole einfach ruhig und klar, was dein Standpunkt ist. So vermittelst du nicht nur Sicherheit, sondern verhinderst auch, dass es zu unnötigen Diskussionen kommt.

Dann bauen wir darauf auf. Sobald du klargemacht hast, was deine Grenze ist, kommt der nächste Schritt: Es richtig zu machen—mit „Ich"-Aussagen. Zu oft fangen Menschen an mit „Du tust immer ..." oder „Du verbringst nie Zeit mit mir", was meistens nur in Abwehrhaltung und Streit endet. Stattdessen kannst du es anders anpacken. Eine „Ich"-Aussage fühlt sich besser an, weil sie den Fokus auf deine eigenen Gefühle und Bedürfnisse legt und vermeidet, den anderen gleich anzugreifen. „Ich fühle mich überfordert, wenn ich jeden Tag erreichbar sein muss" zum Beispiel, schafft Raum für eine ehrliche Diskussion, ohne dass gleich ein unnötiger Schlagabtausch entsteht. Auch „Ich"-Aussagen erfordern im Grunde genommen drei einfache Schritte:

- Was hat das Problem verursacht?

- Wie fühlt es sich für dich an?

- Was möchtest du verändern?

Kommt dir simpel vor, ist es aber enorm wirkungsvoll. Gerade im täglichen Umgang mit Familie, Freunden oder Kollegen kann das ein echter Wendepunkt sein. Wieder ist die Klarheit der Schlüssel. Einfache Sätze, die keinen Raum für Missverständnisse lassen. Und ja, ein freundlicher, aber entschlossener Ton hilft auch.

Wenn du all das im Gepäck hast, fehlt nur noch das „**Grenzen-Skript**", damit alles schön rund läuft. Jetzt kommt der Clou! Ein Grenzen-Skript ist ein kleines Tool, das dir hilft, in verzwickten Situationen das Gelernte ohne großes Nachdenken umzusetzen. Stell dir das mal vor; es hilft dir, nicht aus der Ruhe zu kommen und ganz entspannt, aber dennoch klar eine Grenze zu setzen. Ein Beispiel könnte so aussehen:

"Es gefällt mir nicht, wenn du XY tust. Ich möchte das in Zukunft nicht mehr. Können wir das anders lösen?"

Dabei benutzt du das, was du über „Ich"-Aussagen gelernt hast, und verankerst gleich deine Grenze. Du kommst direkt zum Punkt und machst deutlich, was genau dir wichtig ist und welche Veränderung du möchtest.

Ganz nebenbei sorgst du so auch für eine gesündere **Kommunikation** und stärkere Beziehungen in allen Lebensbereichen. Denn wenn du deine Grenze respektierst, wird es für andere viel einfacher, dies auch zu tun. Einmal verinnerlicht, kannst du in jeder Situation entspannt bleiben und gleichzeitig klar und sicher auftreten.

Konsequente Durchsetzung deiner Grenzen

Grenzen setzen ist das eine, sie **durchzusetzen** das andere. Dabei ist **Konsistenz** König. Wenn du nämlich deine Grenzen immer wieder über den Haufen wirfst, kannst du nicht erwarten, dass andere sie respektieren. Grenzen sind wie Zäune. Läufst du ständig durch die offenen Tore, merken andere, dass dieser Zaun doch nur Dekoration ist.

Wenn du beispielsweise entschieden hast, dass nach 19 Uhr keine Arbeits-E-Mails mehr gelesen werden, dann musst du dich auch daran halten. Nicht nur nach außen hin, sondern auch im Inneren. Denn anderenfalls denken Menschen: "Ach, es geht doch eh immer ausnahmsweise." Und schon ist das Problem da. Konsistenz verleiht deinen Grenzen **Überzeugungskraft**. Ein bisschen so, als ob du Betonsäulen statt wackliger Stöcke als Grenzmarkierungen verwendest. Also, wenn du eine Grenze setzt, stehe auch dazu.

Ein weiterer Bonus der Konsistenz ist das eigene **Selbstwertgefühl**. Denn wenn du deine eigenen Entscheidungen respektierst, lernst du auch, Positives über dich selbst zu denken. Es ist diese Beständigkeit, die man nach außen ausstrahlt und die dazu führt, dass Menschen dich nach einer Weile nicht mehr überreden werden. Denn der Versuch wird es für sie nicht wert sein. Es hat sozusagen alles auf der „Vertrauenswaage" Gewicht.

Aber es gibt da eine höhere Ebene: Die **Grenzintegrität**. Das klingt kompliziert, ist aber einfacher als es sich anhört. Es bedeutet nichts weiter, als dass deine äußeren Grenzen – also die, die du der Welt zeigst – in Harmonie mit deinen inneren Überzeugungen stehen. Ansonsten hast du nämlich das große Problem, dass du dich fühlst, als ob du gegen dich selbst arbeitest. Wie ein Schiffspropeller, der gegen die Strömung rudert.

Was heißt das konkret? Da ist zum Beispiel der Klassiker, dass du „Ja" zu etwas sagst, weil du die anderen nicht enttäuschen willst, obwohl dein Inneres laut „Nein" schreit. Dieser Konflikt kann dich ausbrennen - und das schneller als du denkst. Und genau dort liegt das Jahrzehnte lange Rätsel für viele: Wie wenig wir dabei sind, unsere innersten Wünsche und Ansichten wirklich zu ehren und umzusetzen.

Um diese Grenzintegrität zu erreichen, nimm dir Zeit zu **reflektieren**. Was bedeutet das für mich? Was schadet mir wirklich? Solche Fragen helfen dir, klarer zu erkennen, warum eine Grenze wirklich existiert und warum sie von Bedeutung ist. Ein bisschen wie „Claim abstecken" am Strand, um dir dein Stückchen Paradies zu sichern. Die bessere Balance findest du normalerweise nur dann, wenn du dich darauf einlässt.

Jetzt noch zum „**Grenzdurchsetzungsplan**": Der klingt imposanter als man denken mag, aber es hat weniger mit einem militärischen Schlachtplan zu tun, sondern besteht eher aus kleinen Bausteinen des Alltags. Es fängt z.B. mit einem kürzer gehaltenen „Nein" an. Oder daran festzuhalten, dass der Abend Freizeit ist, keine Arbeit. Ganz simpel.

Wahrscheinlich werden andere zunächst überrascht sein, wenn du konsequenter wirst. Es wird am Anfang ein wenig Stolpern geben, wie bei einem Anfänger auf Rollschuhen. Doch diese anfänglichen wackeligen Momente sind das Training für deine konsequenten, selbstbewussten „Neins", so dass sie eines Tages seltener in Frage gestellt werden müssen.

Einmal deinen Plan fest im Leben integriert, kannst du gerade heraus deine Vorstellungen und Ideen vertreten - selbstverständlich ohne dich ständig selbst in Frage zu stellen. Dass du deine eigenen Regeln respektierst, merkt auch die Außenwelt – und genau das sorgt für die gesunde **Harmonie**. Wie Kreise, die sich aus dir selbst und aus deinem Umfeld decken und harmonieren. Sie alle merken und schätzen es, dich respektvoll an deinen selbst gesetzten Regeln zu bewegen.

Umgang mit Grenzüberschreitern

Grenzüberschreiter gibt es überall, nicht wahr? Diese Menschen, die anscheinend kein Nein akzeptieren können und irgendwie immer versuchen, deine klar gesetzten **Grenzen** auszudehnen oder sogar zu ignorieren. Sie probieren allerlei Taktiken aus, um ihren Willen durchzusetzen und dich zu überreden. Vielleicht schmeicheln sie, stellen sich unwissend oder ignorieren einfach deine Anfrage. Es gibt jene, die besonders clever sind und so tun, als hätten sie deine Bedürfnisse verstanden, nur um dir dann im falschen Augenblick einen Gefallen oder eine Bitte anzuhängen. Andere nutzen **Schuldgefühle**, drohen oder spielen das Opfer. Hauptsache, sie bringen dich dazu, nachzugeben.

Warum machen sie das? Manche Menschen, besonders die Engeren, haben sich vielleicht daran gewöhnt, dass du immer mit dem Kopf nickst. Andere glauben einfach, sie wissen, was für deine Situation am besten ist, egal wie sehr sie dir auf die Nerven gehen. So oder so – es ist wichtig zu erkennen, wann jemand über die Stränge schlägt. Also welche Taktiken verwenden sie? Grob gesagt kann das sein:

• Heimliche **Manipulation**: Zum Beispiel ein Kumpel, der sich mal wieder ohne zu fragen zu dir setzt, obwohl du Arbeit auf dem Schreibtisch hast.

• Offene Ignoranz: Vielleicht die Verwandtschaft, die trotz deiner Bitten weiterhin ständig uneingeladen vor der Tür steht.

• Schuldgefühle Auslösen: Wenn jemand "nach all dem, was ich für dich getan habe" erstmal wieder großes Drama schiebt und du solltest dich doch jetzt aber bitte revanchieren.

- Vielleicht ein alter Bekannter, der regelmäßig "alte Zeiten" beschwört, um dich zu Dingen zu bringen, auf die du einfach keinen Bock hast.

Aber wie geil wäre es doch, beim **Ablehnen** souverän und ruhig zu bleiben, oder? Genau darum geht's im zweiten Schritt – Du bekommst Widerstand, klar, aber entspann dich! Jedes Mal, wenn du dich entschlossen und höflich zeigst, gibst du den Ton an. Auch wenn jemand sein Bestes gibt, dich aus der Ruhe zu bringen, atme tief durch und bleib **standhaft**. Denn so steigst du leise aber deutlich aus ihrem Spiel aus. Wenn's beginnt stressig zu werden, ist das dein Wecker. Sei fest.

Was, wenn du trotzdem weiterhin Gejammer und hartnäckige Beharrlichkeit erlebst? Da hilft eine kleine Taktik: Die „Schallplatte mit Sprung"-Technik. Vielleicht hast du das schon mal gehört oder angewendet. Genaugenommen geht's darum, die gleichen Worte immer wieder zu sagen. Zieh keine Endlosdiskussion durch – sondern wiederhole einfach nur deine klare Aussage. "Danke, aber ich habe bereits einen anderen Plan." – "Ich komme leider nicht mit." Setz dir keine Option zum Ausweichen; bleib bei einem einfachen ruhigen Endsatz, auch wenn's wie ein zerkratztes Album klingt. "Es tut mir leid – das passt nicht in meinen **Zeitplan**."

Wenn du merkst, da rührt sich immer noch nichts daran, keine Panik. Mit jedem Satz schwingt mehr Überzeugung bei dir mit. Wenn dein Gegenüber schon beinahe erwartungsvoll auf mehr Argumente wartet, überrascht dieser „Sprung" sie und ermöglicht dir, dein „Schlusswort" unmissverständlich zu verkünden. Funktioniert's vielleicht nicht genau beim ersten oder zweiten Mal – aber es wirkt, denn **Beharrlichkeit** und Konsequenz – wie sie nur durch dich selbst kommen – sind ein Zeichen echter Verantwortung. Verstehst du dabei „Nein" richtig?

So bewältigst du auf entspannte, sanfte Weise die Hürden und nimmst dabei deine eigenen **Bedürfnisse** ernst.

Praktische Übung: Erstellen deiner Grenzerklärung

Der erste Schritt in unserem Prozess ist, eine ganz konkrete **Grenze** zu bestimmen, die du setzen möchtest. Vielleicht hast du das schon oft rausgeschoben oder hattest Schwierigkeiten, die genau passende Grenze zu definieren. Keine Sorge, jetzt gehen wir das ganz entspannt an. Denk darüber nach, wo du immer wieder auf das gleiche Problem stößt. Gibt es **Situationen**, die sich immer gleich anfühlen, bei denen du wieder mal das Gefühl hast, für andere da sein zu müssen, obwohl du eigentlich was anderes brauchst? Genau da gibt's sicherlich was, was nicht passt und wofür du eine Grenze festlegen kannst. Sei ruhig ehrlich mit dir - es hilft, klar zu sehen und besser mit dir umzugehen.

Sobald du eine Grenze für dich identifiziert hast, gehen wir zum nächsten Schritt über.

Jetzt kommt der zweite Schritt: Schreib auf, warum diese Grenze für dich **wichtig** ist. Hier wird's jetzt tatsächlich bisschen verbindlicher. Du wirst Augenblicke haben, vielleicht sowas wie, „Warum schreibe ich das überhaupt auf?" Aber - um voranzukommen wirst du sicher auch bemerken, sobald du das auf dem Papier hast, warum genau das für dich total relevant ist. Wenn du zum Beispiel merkst, dass deine Arbeit dich oft von deinem **Privatleben** abschneidet, könnte deine Grenze vielleicht die Klarstellung sein, dass du nach 18 Uhr keine E-Mails mehr beantwortest. Dieser einfache Schutz deiner Zeit ist wichtig, damit du genügend Raum für dich selbst hast. Es geht darum, dir wertvolle Zeit und nichts anderes zurückzuerobern.

Der dritte Schritt führt uns dazu, aus den bisherigen Überlegungen eine klare, kurze **Aussage** zu formulieren, die deine Grenze ausdrückt. Das braucht nun nicht hochtrabend klingen, sondern soll kurz und knackig auf den Punkt bringen. Stell dir vor, du musst in wenigen Worten jemandem verständlich machen, was für dich möglicherweise ein absolutes No-Go ist. Beispiel gefällig? „Ich beende ab 18 Uhr meine Arbeit, damit ich meine Freizeit genießen kann." Fast wie ein Statement, das kurz genug ist, um haften zu bleiben, aber gleichzeitig klar genug, keinen Raum für Fehlinterpretationen zu lassen.

Du hast deine klare Grenzaussage vorbereitet. Was kommt als Nächstes?

Der vierte Schritt: Übe es laut. Stell dir vor, dass du vor deinem **Spiegel** stehst, dir in die Augen schaust und in einem ruhigen Ton - aber dabei mit Festigkeit deinen Satz sprichst: Diese eine, klare Aussage, mit der du festlegst, was für dich gilt. Achte darauf, wie sich das anfühlt, wenn du sprichst. Bemerke deinen **Tonfall**. Schwingt er doch noch durch, also wie eine Unsicherheit? Und wie ist deine Haltung, vielleicht ein krampfhaftes Lächeln, bei dessen Anblick du annehmen würdest, es bliebe keine Festigkeit an dieser Grenze. Es ist ok, sich am Anfang ein bisschen verloren dabei zu fühlen. Genau deshalb üben wir! Denn das Ziel ist's, richtig selbstsicher rüberzukommen - zumindest nach außen.

Zum Schluss, im fünften Schritt, wird es interessant. Stell dir also kurzerhand Menschen oder Situationen vor, die's mit deiner Grenze möglicherweise toppen wollen. Spiele den Film ruhig ab - in deinen Gedanken - wie Leute vielleicht überrascht reagieren könnten: Vielleicht kommt irgendjemand, um etwas zu finden, was er tun will. Wie wirst du dich behaupten? Und was genau würdest du weitermachen? Überlege und übe eine gute **Antwort** - eine, die weiterhin respektvoll gegenüber anderen (du bleibst eben höflich!) und gleichzeitig nachdrücklich gegenüber deiner Grenze klingt. Sei dabei klar. Und vor allem, falls es doch blöd kommt: Du bleibst standhaft. Du hältst daran fest.

Dieser Prozess braucht keine Eile. Wichtig ist's, am Ende dein Gefühl zu stabilisieren und **Vertrauen** in das eigene Nein oder Ja zu bekommen. Klarheit entsteht dort, wo du nicht permanent andere über deine Bedürfnisse hinweg bestimmen lässt. Tatsächlich. Sprich aus. Zeig sie, diese wunderbare Grenze.

Davon profitierst schließlich du selbst!

Zum Schluss

In diesem Kapitel hast du **grundlegende Konzepte** gelernt, die entscheidend sind, um gesunde **Grenzen** zu setzen, die dein Wohlbefinden und deine **Beziehungen** stärken können. Zum besseren Erinnern hier die wichtigsten Punkte:

Denk an die Bedeutung von **Selbstreflexion**: Nur wenn du deine eigenen Werte und Prioritäten kennst, kannst du wirkungsvoll Grenzen setzen.

Versteh, dass klare **Kommunikation** entscheidend ist: Deine Worte und Taten müssen klar und in Einklang sein, damit andere deine Grenzen respektieren können.

Sei dir bewusst, dass **Konsistenz** der Schlüssel ist: Indem du deine Grenzen konsequent verteidigst, erzeugst du Respekt und Vertrauen, sowohl in dir selbst als auch bei anderen.

Behalt im Hinterkopf: Es gibt immer Menschen, die deine Grenzen testen, doch bleib ruhig und beharrlich.

Merk dir das „Limit Line" und das „**Boundary Script**": Diese einfachen Übungen helfen dir, deine Grenzen zu visualisieren und selbstbewusst durchzusetzen.

Schließ dieses Kapitel gedanklich ab, indem du dir überlegst, wie du die gelernten **Techniken** in deinem Alltag anwenden kannst. Die **Verantwortung** für deine Grenzen liegt ganz bei dir – nutz dieses Wissen, um stärkere, gesündere Beziehungen aufzubauen!

Kapitel 8: Gegenseitigen Respekt aufbauen

Könnte es sein, dass **Respekt** mehr als nur ein simples Nicken ist? Du weißt bestimmt, wie das läuft—ihr redet, vielleicht gibt's mal Unstimmigkeiten, aber am Ende soll alles in Harmonie schwingen. Fühlt sich nicht immer so an, oder? In diesem Kapitel nehmen wir uns ehrlich die Zeit, um in einfache Worte zu kleiden, was du sowieso schon im Bauch hast: Ohne klare **Grenzen** wird Respekt schwer. Ich denk da nicht nur an den Respekt vor anderen, sondern auch daran, wie du selbst Wert auf deine eigenen **Bedürfnisse** legst.

Hier kriegst du das **Rüstzeug**, um ein besseres **Verständnis** in deinen Beziehungen aufzubauen—sowohl privat als auch im Beruf. Gerade wenn's mal schwieriger wird, sind **Lösungen** gefragt. Und da komm ich ins Spiel. Gib dir selbst die Chance, durch praxisnahe **Übungen** das Erlernte direkt umzusetzen... Glaub mir, es wird dir klarer, was wirklich **wichtig** ist.

Vielleicht fragst du dich jetzt, wie du das alles in deinen Alltag einbauen sollst. Keine Sorge, Kumpel! Wir gehen das Schritt für Schritt an. Denk dran, Rome wurde auch nicht an einem Tag erbaut. Mit ein bisschen Geduld und der richtigen Einstellung wirst du merken, wie sich deine Beziehungen zum Positiven verändern. Also, lass uns loslegen und gemeinsam an deinem Respekt-Game arbeiten!

Die Verbindung zwischen Grenzen und Respekt

Respekt und **Grenzen** gehen Hand in Hand. Stell dir vor, du hast einen klaren Zaun um dein Grundstück. Der Zaun sagt nicht: „Bleib weg!" Er sagt: „Hier verläuft die Grenze." Wenn Menschen deine Grenze verstehen, beginnt der **Respekt**. Es gibt keinen echten Respekt in einer Beziehung, bevor beide Seiten die persönlichen Grenzen anerkennen. Und das passiert, wenn du diese Grenzen deutlich festlegst – für dich selbst und für andere.

Klare Grenzen geben Menschen den Raum, sich selbst zu sein. Sie wissen genau, wie sie sich innerhalb der **Beziehung** bewegen können, ohne das Gebiet eines anderen zu durchkreuzen. Ohne Grenzen fühlt sich das alles wie ein einziges großes Minenfeld an. Jede Kleinigkeit kann einen Streit auslösen, weil niemand genau weiß, wo die Linien verlaufen. Wenn die Regeln nicht klar sind, gibt es Missverständnisse... und oft bröckelt dann auch der Respekt. Um also eine freundliche, respektvolle Beziehung aufzubauen, kannst du nicht einfach nur dasitzen und hoffen, dass alles gut geht. Grenzen schaffen **Klarheit**, und diese Klarheit schafft Respekt.

Es geht aber nicht nur um andere. Respekt beginnt bei dir. Deine eigene **Selbstachtung** bestimmt weitgehend, wie gut du in der Lage bist, Grenzen zu ziehen – und die von anderen zu respektieren. Wenn du dich selbst nicht wertschätzt, wirst du zulassen, dass andere diese ungeschützten Bereiche durchdringen. Was passiert, wenn die Selbstachtung niedrig ist? Du findest dich oft rechtfertigend, entschuldigend oder nachgiebig in Bereichen, in denen du eigentlich eine Grenze ziehen solltest. Aber je mehr du anfängst, dich selbst zu respektieren, umso einfacher wird es auch für dich, die rote Linie zu ziehen – weil du ein stolzer Besitzer deiner eigenen **Werte** und Bedürfnisse bist.

Das Seltsame daran ist: Wenn du dich selbst im Spiegel ansehen und dir sagen kannst: „Ich bin es wert, nein zu sagen", dann wird es dir viel leichter fallen, die Grenzen anderer zu akzeptieren. Du verstehst besser, warum sie Nein sagen, und respektierst das sogar eher. Es fühlt sich nicht mehr wie Ablehnung an; es fühlt sich so an, als mache jeder nur das Beste für sich selbst, ohne jemand anderen zu verletzen. Aber das Schöne ist – wenn du dich selbst so regelmäßig reflektierst und deine eigenen Wünsche und Bedürfnisse beachtest, wirst du automatisch feiner auf die subtilen Signale der anderen achten und einen natürlichen Sinn für gegenseitigen Respekt entwickeln.

Und weißt du was? Genau das wollen wir hier durch unsere Übung namens "Respekt-Reflexion" erreichen. Eine ganz simple Sache: Nimm dir doch heute Abend zehn Minuten. Setz dich hin, schnapp dir einen Stift und geh mal für dich durch, welche Grenzen du in der letzten Zeit bewusst oder unbewusst gesetzt hast. Frag dich dabei: Wo konnte ich Grenzen wirklich respektieren – und wo tat mir das besonders gut? Und da, wo es vielleicht schwerer war – wie hab ich mich dabei gefühlt, wo hat es vielleicht ein Kneifen im Bauch verursacht?

Notiere dir, mit wem es gut läuft und mit wem es nicht so flüssig geht. So wird es klarer, wie du manchen Fehltritten entgegenwirken kannst – aber mehr noch: Die Übung zeigt dir, dass es total möglich ist, in Beziehungen die Selbstachtung deines Gegenübers weiterzuentwickeln und auch sie ein Stück weit zu ehren. Respekt-Reflexion bedeutet, dass du daran arbeitest, ein bisschen mehr Licht in deine Grenzen und den Bereich deiner **Wertschätzung** anderen gegenüber zu bringen – und wenn du das erkennst, wirst du sehen, wie aus harter Arbeit und klugem Augenmerk bald entspannte Verhältnisse entstehen – was für ein starker Effekt für so eine einfache Übung! Ganz easy, was denkst du?

Jetzt bist du dran – probier es mal aus. Du wirst sehen: Je klarer deine Grenzen aussehen, desto schöner schimmert auch der wechselseitige Respekt. Schritt für Schritt, Ende gut – alles gut! Ein **Gläschen** Wein? Heute lohnt es sich!

Grenzen anderer respektieren

Wenn Menschen ihre Grenzen klar **kommunizieren** und sich nicht scheuen, auch mal „Nein" zu sagen, kannst du davon ausgehen, dass sie gesunde Grenzen haben. Solche Leute sind meistens in der Lage, ihren eigenen Raum und ihre Zeit gut zu **schützen**, ohne sich dabei schuldig zu fühlen. Sie geben dir auch oft ehrliches Feedback, selbst wenn es unbequem ist. Ganz schön beeindruckend, oder? Diese Art von Menschen haben es verstanden, ihre **Bedürfnisse** zu erkennen und respektvoll zu verteidigen.

Es gibt auch noch andere, subtilere Zeichen für gesunde Grenzen. Wenn jemand zum Beispiel in stressigen Situationen ruhig bleibt oder es schafft, seinen Kalender konsequent zu organisieren – das spricht oft für klare persönliche Grenzen. Dabei geht es aber nicht darum, stur oder unflexibel zu wirken, sondern vielmehr konsequent und fürsorglich.

Aber warum ist das so wichtig? Nun, es zeigt, dass diese Personen sich selbst genug **respektieren**, um ihre Grenzen klar zu setzen – und sie erwarten das auch von dir. Du kannst dir bestimmt vorstellen, dass es einfacher ist, mit jemandem zu agieren, der seine Grenzen kennt, als mit jemandem, der ständig darauf wartet, dass du ihn überforderst. Gesunde Grenzen resultieren nicht zuletzt in besserer **Kommunikation** und weniger Missverständnissen.

Im Gegenzug solltest du selbst darauf achten, die Grenzen anderer zu respektieren. Frag lieber einmal zu viel, bevor du einen persönlichen Bereich übertrittst. Klingt doch fair, oder? Niemand mag es, wenn seine individuellen Grenzen einfach ignoriert werden, und sowas könnte langfristig zu Problemen führen. Also besser einmal kurz „Du, passt das?" fragen... Sicher ist sicher.

Und manchmal gibt es ganz alltägliche Situationen, in denen es wichtig ist, um diese **Zustimmung** zu bitten. Stell dir vor, du bist im Büro und der Kollege neben dir signalisiert dir in dieser typischen Körpersprache, dass er keine Zeit für Smalltalk hat –

Arme verschränkt, auf den Bildschirm fixiert. Vielleicht hilft in dem Moment ein schnelles „Ist das ein guter Zeitpunkt, um kurz zu quatschen?" Es geht um dieses respektvolle „Check-In" zwischenmenschlich.

Und genau aus diesen Beweggründen habe ich eine kleine Technik entwickelt, die ich einfach „Grenzen-Check-In" nenne. Das ist im Grunde nichts Aufregendes, aber unglaublich effektiv. Man checkt einfach kurz bei der anderen Person ein – so, ein bisschen wie ein Zwischenstopp. Quasi nachfragen, bevor man sich zu weit in den anderen hineinlehnt...

Diese Technik, glaub mir, sorgt echt dafür, dass auf beiden Seiten **Respekt** entsteht und bleibt. Du hast mehr Kontrolle über die Situation und verhinderst, dass jemand überfordert wird oder sich unwohl fühlt. Und das kann zum Beispiel so aussehen: „Kannst du mir sagen, ob das okay für dich ist?" Oder „Bin ich gerade zu fordernd?" Manchmal auch einfach nur „Ich hoffe, das passt so für dich?"

Mit diesen kleinen Fragen gibst du deinem Gegenüber die Möglichkeit, ehrlich darauf zu reagieren – in beide Richtungen. Und es ist ein schlichtes Mittel, um Respekt und **Einfühlungsvermögen** zu zeigen. Wenn du selbst solche Fragen einmal mehr einbaust, legst du den Grundstein für das, was wirklich wichtig beim Aufbau von Respekt ist. Nonchalant und zwischen den Zeilen tief verbindend... das sind die kleinen goldenen Schlüssel zum gegenseitigem Verständnis und der wahren Kenntnis von Grenzen.

Gesunde Grenzen definieren die Qualität deiner Beziehungen. Wenn du dich nun mehr im Kosmos dieses wortverliebten Sprachspiels eingefühlt hast, dann vielleicht noch wichtiger: Fang an, diese Technik anzuwenden. Das wird für dich und deine Beziehungen einen positiven Unterschied machen.

Anderen beibringen, deine Grenzen zu respektieren

Alles beginnt damit, dass du deine **Grenzen** wirklich durchsetzt. Was viele vergessen – Grenzen sind nicht nur Worte oder gut gemeinte Absichten. Wenn du deine Grenzen festlegst, setzt du auch ein klares Beispiel für andere. Du gibst die Richtung vor, wie du behandelt werden möchtest. Das zeigt: Du bist **konsequent**, nicht ermüdend, sondern klar und deutlich. Und das Beste daran? Wenn deine Grenzen feststehen, lernen andere viel schneller, diese zu respektieren. Es fühlt sich am Anfang vielleicht komisch an, deine Meinung so stark durchzusetzen. Aber das wirst du nicht lange spüren – weil du weißt, dass der Weg zu wahrem **Respekt** genau darin liegt.

Aber nur konsequentes Handeln allein reicht manchmal nicht aus. Wenn jemand deine Grenzen nicht erkennt oder verstehen will, dann liegt der Schlüssel oft bei dir – genauer gesagt, bei deiner **Kommunikation**. Klare Kommunikation ist wie ein Wegweiser: Sie führt die andere Person direkt zu dem Punkt, den du machen möchtest. Wenn du deiner Kommunikationsweise Aufmerksamkeit schenkst, wird das alles viel klarer für die Leute um dich herum. Es ist gut zu erklären, was du fühlst und was du erwartest. Warte nicht darauf, dass die andere Seite von allein drauf kommt. Sag's klar und direkt, aber freundlich.

Stell dir das so vor: Wenn du brauchst, dass etwas nicht mehr passiert – zum Beispiel jemand deine Pausen stört oder dich ständig unterbricht – sag einfach: "Ich brauche meine **Zeit** hier. Bitte lass mich das beenden." So. Einfach, direkt und ohne Schnörkel. Es wirkt Wunder, wenn man direkt, aber ruhig bleibt. Und weißt du was? Die meisten Leute kommen nicht auf den Gedanken, dass sie nerven oder stören. Also manchmal hilft ihnen ein bisschen Unterstützung mit den richtigen Worten viel. Wenn die Nachricht klar ist, wird der Respekt wachsen.

Aber es wird immer jemanden geben, der deine Grenzen kontinuierlich übersieht, auch wenn du klare Worte verwendet hast. Was machst du dann? Hier brauchst du ein "**Grenzverstärkung**"-Skript. Einfach ausgedrückt: Du wiederholst das Wesentliche deutlich und stehst dazu. Du kannst dieses Skript immer in der Tasche haben, für den Fall der Fälle. Zum Beispiel, wenn jemand jedes Mal wieder zu spät kommt, obwohl du immer pünktlich bist, könntest du sagen: „Ich merke, dass die vereinbarte Zeit immer verschoben wird. Das kann ich so nicht gutheißen. Ich werde also meinen eigenen Plan beibehalten."

Das ist zwar klar gesetzt, aber stimmt auch höflich mit dem überein, was du vorher kommuniziert hast. Wiederhole den Punkt, verstärke deine Grenze und lass keinen Zweifel daran, dass du daran festhältst. Und wenn diese Szenarien öfter auftreten – keine Panik. Bleib **standhaft** und halte deinen Kurs. Mit der Zeit wird sich dies auszahlen. Diejenigen, die deine Beziehungen schätzen, werden sich bald an deine Erwartungen anpassen.

Alles in allem machen festgesetzte Grenzen in Verbindung mit klarer, direkter Kommunikation dein Leben nicht nur **stressfreier**, sondern helfen dir auch, uneingeschränkten Respekt von anderen zu erhalten. Je besser du dein Skript vorbereitest und wiederholst, desto besser bekommst du das hin. Es ist nicht leicht. Es scheint vielleicht am Anfang schwierig, aber sobald die Leute merken, dass du es ernst meinst, respektieren sie dich – und deine Grenzen – umso mehr.

Grenzkonflikte respektvoll bewältigen

Grenzkonflikte in Beziehungen kommen öfter vor, als du denkst. Sie entstehen häufig durch Missverständnisse oder unterschiedliche Erwartungen. Manchmal triffst du Leute, die deine Grenzen nicht kennen oder nicht respektieren. Es kann auch passieren, dass jemand sich deiner Bedürfnisse zu wenig bewusst ist, oder dass eure Auffassungen über Nähe und Distanz schlichtweg auseinandergehen. Und das ist normal – in einer Beziehung treffen schließlich zwei unterschiedliche Menschen aufeinander, jeder mit seinem eigenen Wertesystem und seinen eigenen Vorstellungen. Und genau da beginnt der **Konflikt**.

Gemeinsame Streitpunkte können unterschiedliche Prioritäten sein. Wo du Freiräume schätzt, braucht der andere vielleicht mehr Zeit zu zweit. Oder du legst Wert auf Privatsphäre und der andere fühlt sich ausgeschlossen, wenn diese zu strikt durchgesetzt wird. Es muss nicht immer etwas Großes sein... Selbst kleine Uneinigkeiten, wenn sie sich häufen, können irgendwann zu immensen Spannungen führen. Und diese Situationen können dann eskalieren, wenn keine respektvolle **Kommunikation** und gemeinsame Lösung gesucht werden.

Aber wie gehst du bei solchen Grenzstreitigkeiten am besten vor? Ein bedeutender Schritt, den du machen kannst, ist aktiv zuzuhören.

Aktives **Zuhören** ist hierbei essenziell. Es hört sich so simpel an, wird aber oft übersehen. Wirklich zuhören, ohne zu unterbrechen – das lässt die andere Person spüren, dass ihr Anliegen wichtig ist. Wenn jemand das Gefühl hat, dass ihm nicht zugehört wird, kann das Frustration und Missverständnisse verstärken. Um ehrlich zu sein: Ohne aktives Zuhören kommst du in Grenzkonflikten nicht weit. Es bedeutet nicht nur, die Worte zu hören, sondern auch die **Emotionen** dahinter zu verstehen. Vielleicht ärgert sich dein Gegenüber, weil sich deine Handlungen wie Zurückweisung oder Abgrenzung anfühlen. Indem du aufmerksam zuhörst, verstehst du besser, was hinter dem Gesagten steckt – und erst dann kannst du wirksam reagieren. Manchmal reicht es aus, wirklich gesehen und gehört zu werden... und das kann Wunder in der Lage bewirken. Vermeide Vorannahmen darüber, warum die andere Person sich fühlt, wie sie sich fühlt, und höre vielmehr auf das, was sie tatsächlich sagt.

Nachdem das Zuhören auf einer soliden Basis steht, kommt der nächste Schritt: Eine respektvolle **Lösung** zu finden. Es klingt schwer, ist es aber gar nicht – sofern alle Beteiligten gewillt sind, daran zu arbeiten. Respektvoller Umgang miteinander ist hier das A und O. Das bedeutet, den Nutzen des anderen zu erkennen, auch wenn man sich im Moment uneins ist. Das "Respektvolle Lösung" Rahmenwerk ist ein einfacher Ansatz, den du nutzen kannst.

Beginne damit, selbst ruhig und klar deine **Bedürfnisse** zu benennen, ohne es dem anderen vorzuwerfen. Das vermeidet direkt dieses "Ich-gegen-dich"-Gefühl. Sei offen für Kompromisse. Wenn jede Partei versteht, worum es dem anderen wirklich geht, öffnen sich Lösungen, die vielleicht zunächst gar nicht im Blickfeld standen. Es geht um die Mitte, ohne die eigenen Bedürfnisse oder die des anderen vollständig aufzugeben... Klar, es klappt nicht immer perfekt, aber je mehr du diesen Dialog übst, desto besser kannst du Grenzen setzen und zusammenarbeiten – mit echtem **Respekt**.

Wenn du jeden Konflikt als Chance siehst, zu wachsen und einander besser zu verstehen, können solche negativen Situationen in etwas Positives verwandelt werden. Du erwartest vielleicht von deinen Beziehungen, allzeit harmonisch zu sein, doch tatsächlich sind es gerade die Konflikte, in denen das Zusammenspiel von Grenzen und Respekt das Fundament stärkt. Immerhin, das ist doch die Basis jeglicher Beziehung, oder? Und du wirst rasch sehen, wenn aktive Kommunikation im Spiel ist, diese Herausforderungen lösbar werden – und manchmal tun sich sogar neue Ebenen von Verständnis und Zuneigung auf.

Praktische Übung: Szenarien zum Aufbau von Respekt

Okay, heute geht es darum, aus verschiedenen **Grenzsituationen** das Beste herauszuholen und gleichzeitig Respekt zu wahren. Du hast bestimmt schon mal erlebt, dass in einer Situation irgendwie klar war, dass Grenzen überschritten wurden, oder? Klar, diese Momente sind irgendwie... knifflig. Du bist hin- und hergerissen zwischen Ja und Nein, oder?

Hier kommt der erste Schritt: Stell dir fünf typische Situationen in deinen **Beziehungen** vor, in denen Grenzen scheinbar fließend sind. Du kennst sie - diese Momente, in denen ein Kollege zu viel Arbeit auf dich abzuwerfen scheint oder ein Kumpel ständig zu spät zu Treffen auftaucht. Schreib sie dir auf. Keine Sorge, es müssen keine komplexen Situationen sein. Es geht einfach darum, häufige Grenzsituationen in deinem Alltag zu erkennen.

Jetzt zu Schritt zwei. Hier wird's knifflig, aber du packst das. Es geht darum, eine **Antwort** auf jede dieser Situationen zu finden, die die Grenzen beachtet. Es ist eine Kunst, die Balance zwischen dem, was für dich in Ordnung ist und dem, was für die andere Person respektvoll ist, zu finden. Versuch also, deine Antwort so zu formulieren, dass sie klar und trotzdem freundlich ist. Stell dir zum Beispiel vor, du sagst: "Ich verstehe, dass du diese Aufgabe mir übertragen möchtest, aber ich hab schon ziemlich viel zu tun." Hier bleibst du freundlich, ziehst aber deutlich deine Grenze.

Klingt gut, oder? Aber theoretisch sind wir alle Helden. Es ist natürlich wichtig, diese Antworten zu üben. Nein, nein, nicht nur die Worte - sondern auch die Art, wie du es sagst. **Tonfall** und **Körpersprache** sind der Schlüssel, um das Gesagte zu unterstreichen. Es ist kein Geheimnis, dass das "Wie" von dem, was gesagt wird, deutlich macht, was gemeint ist. Redest du leise, schaust vielleicht zur Seite oder lächelst unsicher? Oder sprichst du mit einer festen, aber freundlichen Stimme? Üb einfach laut. Schau in den Spiegel, beobachte deine Mimik und probier verschiedene Reaktionen aus.

Weiter geht's... jetzt wird das Ganze plastisch. Also, Zeit für Schritt vier: den **Rollentausch**. Du hast deine Antworten einigermaßen geübt, jetzt geht's ans Testen. Verlegen? Kein Problem! Such dir einen Kumpel für diese Übung. Jeder schlüpft in die Rolle des anderen und (manchmal geht es schief!), probiert die Dinge praktisch aus. Du könntest also mal die Position des Kollegen übernehmen, um zu verstehen, wie sich die gesprochene Antwort wirklich anhört. Der Rollentausch ist echt aufschlussreich: Es eröffnet ein Verständigungsfenster!

Aber hier endet unsere Übung nicht... keineswegs! Im letzten Schritt setzt du dich hin und denkst nach. Ah, **Reflexion**. Reflexion nimmt das, was gemacht wurde, dreht es hin und her, schneidet Überflüssiges ab oder entscheidet, ob's passt. Was hast du dabei gefühlt? Gab es Nervosität? War der Ton klar? Und hast du oder dein Kumpel die Message rübergebracht oder ging der Respekt irgendwie verloren? Wenn du Ansatzpunkte findest, was nächstes Mal anders laufen könnte, mach das zur Priorität! Kleine Anpassungen und Verfeinerungen gehören dazu... dein Neubeginn.

Du schließt ab und... gehst das Ding noch mal von vorne an! Üben, reflektieren - simple, geordnete Schritte zu einem klaren, einfachen Ergebnis. Fünf einfache Schritte, die alle... in eine gesunde Richtung führen.

Zum Schluss

In diesem Kapitel ging es darum, wie **wichtig** es ist, klare **Grenzen** zu setzen, um gegenseitigen **Respekt** in Beziehungen zu fördern. Es zeigte, wie dein eigener **Selbstrespekt** der Schlüssel dazu ist, die Grenzen anderer zu respektieren. Zudem gab es praktische Schritte, um gesunde **Beziehungsmuster** zu etablieren, in denen Respekt im Mittelpunkt steht.

In diesem Kapitel hast du gelernt:

- Klare Grenzen sind essenziell für gegenseitigen Respekt.

- Ohne Selbstrespekt ist der Respekt für andere schwerlich möglich.

- Es ist wichtig, jemanden um Erlaubnis zu fragen, bevor du persönliche Grenzen überschreitest.

- Bleib dir selbst treu, indem du deine Grenzen konsequent verteidigst.

- Ein sorgsames **Zuhören** hilft dir dabei, Grenzkonflikte friedlich zu lösen.

Bedenke, diese **Werkzeuge** in deinem Alltag anzuwenden. Durch klare **Kommunikation** und respektvollen Umgang kannst du nicht nur bessere Beziehungen aufbauen, sondern auch dafür sorgen, dass sie stabil und gesund bleiben. Stärke den Respekt, und deine Beziehungen werden es dir danken!

Kapitel 9: Grenzen in familiären Beziehungen

Hast du jemals das Gefühl gehabt, dass deine **Familie** - so sehr du sie auch liebst - manchmal ein bisschen zu nah dran ist? Ich weiß, genau dieses Gefühl kann **verwirrend** und belastend sein. Hier findest du Antworten, falls du dich jemals gefragt hast: "Wie ziehe ich die **Grenze**, ohne jemanden zu verletzen?" Genau das möchte ich hier ansprechen. Denn - lass uns ehrlich sein - **Grenzen** in den eigenen vier Wänden zu setzen, kann echt knifflig sein. Aber für ein gesundes **Zusammenleben**, das wirklich funktioniert, sind klare Regeln absolut notwendig. Auch wenn das bedeutet, unangenehme **Gespräche** zu führen... Aber keine Sorge, du stehst nicht allein da!

Gemeinsam werden wir herausfinden, wie du **Grenzen** mit Eltern, Geschwistern oder auch in der Patchworkfamilie aufbauen kannst und was passiert, wenn sie übertreten werden. Pack es an, du wirst überrascht sein, wie es dein familiäres **Miteinander** verändern kann! Es mag zwar anfangs schwierig erscheinen, aber glaub mir, es lohnt sich. Mit ein bisschen Übung und den richtigen Strategien wirst du merken, wie sich die Dynamik in deiner Familie zum Positiven wandelt. Also, lass uns loslegen und deine Beziehungen auf ein neues Level heben!

Grenzen setzen gegenüber Eltern und Geschwistern

Es kann echt schwierig sein, **Grenzen** gegenüber deinen Eltern und Geschwistern zu setzen, oder? Vielleicht liegt's daran, dass du in einer Familie aufgewachsen bist, in der sich bestimmte Dynamiken über Jahre hinweg entwickelt haben. Diese Dynamiken sind oft unausgesprochen und tief in dir verwurzelt. Du fühlst dich fast so, als könntest du dich nicht losreißen oder wärst zu höflich, um den Mund aufzumachen und zu sagen, was dich wirklich stört. Keine leichte Sache, denn es geht nicht einfach nur um ein klärendes Gespräch - es ist vielmehr ein ganzes Konstrukt, das geradegerückt werden muss. Das verändert die Familienbeziehung auf jeden Fall, aber es kann auch verdammt befreiend sein.

Wenn du zum Beispiel jedes Mal ein mulmiges Gefühl hast, wenn du bei deinen Eltern zu Besuch bist und dich irgendwie klein fühlst... dann ist das wahrscheinlich ein Zeichen dafür, dass es Zeit wird, da mal genauer hinzuschauen. Aber wie gehst du am besten damit um? Wenn deine Familienmitglieder jeden deiner Schritte kommentieren, jede **Entscheidung** in Frage stellen oder Erwartungen haben, die du selbst nicht gutheißt, dann fehlt da sicher die Grenzziehung. Kann sein, dass du jahrelang gedacht hast, das sei normal. Und dass das nun mal bei Familien so ist. Aber ganz ehrlich - es muss nicht so sein. Grenzen sind wichtig, um Druck rauszunehmen und um jedem in der Familie mehr Raum zu geben. Das Ergebnis? Du fühlst dich entspannter und die Beziehung erholt sich. Es gibt sogar mehr gegenseitige **Wertschätzung**.

Jetzt mal praktisch: Grenzen in der Familie zu setzen läuft nicht nur über Gespräche, sondern auch über Handlungen. Wahrscheinlich wird es anfangs auf **Widerstand** stoßen – ja, klar, sowas tut oft weh. Aber kleine Schritte, wie zum Beispiel zu bestimmten Themen nicht mehr bereit zu sein, sie jedes Mal aufs Neue durchzukauen, machen einen Riesenunterschied. Wenn du anfängst, deine Selbstachtung ganz neu zu etablieren und klare Grenzen zu vermitteln, wirst du feststellen, dass dein **Selbstbewusstsein** wächst. Aber das braucht Zeit. Bleib dran und lass dich nicht beirren - auch wenn du am Anfang vielleicht den Wunsch hast, alles zu stabilisieren. Mit der

Zeit wirst du auch bemerken, dass diese Grenzen von allen Seiten respektiert werden - es wird zur Routine.

Apropos - wie kannst du das Schritt für Schritt aufbauen? Am besten geht's mit einem konkreten Plan. Sagen wir, du setzt dir einen "Familien-Grenzen-Plan". Wenn du gern Listen machst, dann ist das super hilfreich, um deine Vorstellungen zu sortieren und Klarheit reinzubringen. Fang damit an, die problematischen Themen zu identifizieren, die dich wirklich auf die Palme bringen. Was sind die unangenehmsten **Situationen**, bei denen du das Gefühl hast, deine Nerven liegen blank? Auch Ängste - besser du siehst sie gleich auf dem Papier vor dir als verschwommen in deinem Kopf. Zur nächsten Stufe gehört zu überlegen, welche Grenzen du setzen willst. Willst du ab und zu 'Nein' zu Einladungen sagen, ohne gleich eine ausführliche Erklärung abzugeben? Das könnte ein Ausgangspunkt sein. Danach legst du fest, wie du das im Familienalltag anbringen wirst. Das ist wichtig – mach dir vorher Gedanken. Und konzentriere dich auf kontinuierliche Umsetzungen, nicht darauf, alles auf einmal zu ändern.

Das Beste an einem Plan ist eigentlich, dass er dir ein wenig Rüstzeug gibt, um selbstbewusster damit umzugehen. Erinner dich daran: Reden kann klarmachen, wenn's zum richtigen Zeitpunkt ist. Beziehungen festigen, aber auch Lücken schließen... Und darin liegt die Macht der Grenzen.

So, bist du bereit, deinen **Familien-Grenzen-Plan** zu skizzieren? Wenn du jetzt mit der Vorbereitung beginnst, wird es dir viel leichter fallen, klar und bestimmt aufzutreten. Niemand sagt, dass es nach einem Tag klappt – gib dir selbst Zeit – und ich verspreche dir, es lohnt sich.

Grenzen setzen bei Kindern

Über **Grenzen** zu sprechen, ist manchmal ganz schön knifflig, besonders wenn es um Kinder geht. Aber es ist eigentlich was ganz Natürliches, denn Kinder brauchen klare Grenzen, um zu verstehen, was in Ordnung ist und was nicht. Dabei kommt es darauf an, dass du das ihrem Alter entsprechend machst. Sprich mit einem kleinen Kind nicht so, wie du mit einem Teenager reden würdest, weil das einfach nicht funktioniert.

Ein guter Ansatz ist, einfache **Regeln** aufzustellen, die Kinder leicht verstehen können. Zum Beispiel: „Wenn wir im Supermarkt sind, bleibst du bei mir." Das ist klar und direkt. Oft hilft's auch, die Erklärung an den Alltag zu koppeln. Kinder lernen meistens dadurch, dass sie was direkt erleben, weniger nur durch das Zuhören. Wenn du sagst: "Du darfst keinen Saft auf dem Sofa trinken, weil es Flecken gibt und wir das nur schwer wieder reinigen können," dann verbindest du die Regel mit einer logischen Konsequenz, die sie nachvollziehen können. Es geht also darum, das Ganze so runterzubrechen, dass sie's kapieren. Nicht zu kompliziert, damit sie nicht abschalten.

Und dann vergiss nicht, immer mal wieder zu erklären, warum diese Grenze **wichtig** ist. Kinder müssen verstehen, dass es nicht darum geht zu kontrollieren, sondern zu schützen und einen Rahmen zu geben, in dem man sich sicher bewegen kann.

Aber das Wichtigste dabei ist, dass du selbst ein gutes **Vorbild** bist. Es bringt nix, Regeln und Grenzen aufzustellen, aber dich selbst nicht daran zu halten. Warum das wichtig ist? Weil Kinder alles, was sie sehen, von Natur aus nachahmen. Entweder lernen sie, Grenzen zu wahren, oder sie werden eher misstrauisch – sie schauen sich alles ab. Find also die Balance, für dich und auch für die Kleinen: Was du selbst lebst, strahlt ab und sie übernehmen's im Alltag.

Ein Beispiel: Wenn du für dich klare **Pausenzeiten** setzt und sagst – „Hey, jetzt ist Zeit für etwas Entspannung, wir machen eine Spielpause", sehen sie, wie man harmonisch Ruhe austarieren kann.

Das wird sie eher davon abhalten, dauernd aktiv zu sein oder ohne drüber nachzudenken, unnötige Anforderungen zu stellen. Deine Haltung zeigt denen ganz nebenbei, dass Grenzsetzung nichts Dramatisches ist, sondern einfach Teil des Lebens.

Aber manchmal läuft's halt doch nicht ganz rund, und dann braucht's **Lehrmomente**. Wie geht das? Statt nur „nein" zu sagen – also nach einem klaren Regelverstoß – erklär doch das „warum". „Wir behalten unsere Spielsachen in Ordnung, damit nichts verloren geht oder wehtut, wenn endlich der Spielkamerad kommt." Das gibt ihnen die Chance, selbst Verantwortung zu übernehmen und grenzt das Ganze von bloßen Verboten klar ab. Koppele also stets eine Handlung mit einer förderlichen Botschaft. Gute Möglichkeiten ergeben sich außerdem oft aus der Situation, so, dass du die Kinder unmittelbar mit einbeziehen kannst.

Es geht nicht ums Bestrafen von **Fehlern** – keine Sorge – sondern ums Aufzeigen von besseren Wegen und Verantwortung vermitteln. „Klar, da ist was danebengegangen, was machen wir beim nächsten Mal anders?" Die Überlegung schärft den Sinn für zukünftige Entscheidungen.

Alles in allem kommt's auf **Fingerspitzengefühl** an: Altersgerechte Kommunikation, das eigene Vorbild als Anker und flexible Lehrmomente für ein bewusstes, authentisches und entlastendes Erziehen.

Grenzen in Patchworkfamilien aufrechterhalten

Weißt du, Patchworkfamilien sind echt eine **Herausforderung**. Da prallen ganz verschiedene Welten aufeinander. Menschen, die es halt ganz anders gewohnt sind. Klare **Grenzen** schaffen da so eine Art Schutzschild – sie fangen all diese Wellen ab, und du kannst dich viel besser in der neuen Umgebung bewegen. Stell dir vor, dass man zwei Welten zusammensetzen möchte. Ohne klare Grenzen kann das ein echtes Chaos werden, weil sich einfach jeder irgendwie vorkommt, als müsste er seine Position sichern. Das bringt nichts.

Deshalb ist es so wichtig, von Anfang an deutlich zu machen, wer welche **Rolle** übernimmt. Das bezieht sich nicht nur auf kleine Dinge wie den täglichen Abwasch, sondern auch auf größere, gefühlsbasierte Sachen. Wer das Gefühl hat, sein Terrain sei unklar, der wird natürlich damit kämpfen. Vor allem trifft das leicht die **Kinder**. Aber wenn du zeigst, dass es klare Regeln gibt und sie genauso für die neue Familie gelten sollen, dann hilft das. Intransparente Grenzen führen leicht dazu, dass die Situation explodiert.

Jetzt kommen wir zu einem ganz wichtigen Punkt: Es geht dabei nicht nur ums Aufstellen neuer Regeln, sondern darum die alten, die schon da sind, zu respektieren. Denn klar, eine Patchworkfamilie ist nicht nur eine neue Einheit, sondern auch ein schönes Durcheinander unveränderlicher Gewohnheiten.

Vielleicht hast du bereits einen bestimmten **Rhythmus** mit deinen Kindern, und das neu dazugekommene Glück bringt seine eigenen Geschichten mit. Diesen "Alten" eine besondere Ehrerbietung und Respekt entgegenzubringen, ist wie ein Friedensangebot. Haare müssen nicht gelten, sie dürfen sein – so wie sie sind. Niemand kippt ein altes Muster einfach um.

Weißt du, wenn du bestehende Familienmuster vereinfachst, regelst und ein bisschen änderst, dann hilft das dabei, **Konflikte** zu verhindern. Das schafft ein Gefühl der Sicherheit, das total wichtig ist, egal welches Alter. Klar, ganz toll ist's, wenn Ähnlichkeiten auftauchen – wie zum Beispiel gemeinsame Mahlzeiten –, bei denen man sich nicht umstellen muss. So wird's einfacher, in den Großteil der neuen Regeln hineinzuwachsen. Schließlich hatte man die gleiche Grundlage.

Das ist aber nicht immer so einfach. Eine attraktive Möglichkeit – der erste gemeinsame Patchwork-Coup könnte eine „Patchworkfamilien-Grenzvereinbarung" sein. Klingt jetzt nach Vertrag, ist aber gar nicht mal so schlimm. Eigentlich ist es etwas Positives: Mit einer Patchwork-Aura von „Das-neue-Wir".

Damit kannst du vielleicht wie auf einer großen Leinwand malen, in skizzenhafter Symbolsprache. Das Aufstellen einer solchen Vereinbarung könnt ihr zusammen machen – ruhig als gemeinsame **Familienaktivität**. Was soll drinstehen? Klare Definitionen, wer was macht und wann. Wer recht gut darin ist, was der andere nicht so mag. Erwartungen und auch Grenzen, die beachtet werden müssen, um Missverständnisse zu verhindern.

Nebeneffekt: Diese Art von Vereinbarung schafft auch coole Analogien - ist besprochen, läuft's leichter ab – wie geschmierte Zahnradsysteme.

Das Ganze bildet außerdem einen gemeinsamen Orientierungsrahmen, bedeutet mehr gemeinsames „Ja, wir wissen, wo wir stehen.". Jeder Punkt, den ihr klärt, stärkt sozusagen euer internes Familienkorsett – Stabilität für eine vielleicht chaotische Fahrbahn. Selbst an den Randpunkten scheint so etwas Kleine wie eine Spülpflicht dadurch strukturierter und, hach ja, angenehmer handhabbar. Nun doch irgendwie angenehm.

Vielleicht verstärkt das auch gegenseitiges Verständnis, führt dazu, dass ihr aufeinander achtet, gerade weil reinlangen oder Reibegaranten stärker gelöst werden. Was ich dir versichern kann, es erfordert **Mut**. Hemd aus, ein ehrliches „Ich" und „Du" sagen, und simpel nebeneinander zu stehen, Hand in Hand... Die Zauberformel ist Geduld und Bereitschaft.

Umgang mit Grenzverletzungen in der Familie

Grenzverletzungen in der Familie kennst du bestimmt. Das können ganz alltägliche Dinge sein, die oft **kleingeredet** oder übersehen werden, aber doch großen Einfluss auf dein Wohlbefinden haben. Du hattest sicher schon mal den Fall, dass Familienmitglieder unerwünscht in deine **Privatsphäre** eindrangen – vielleicht durch unpassende Fragen oder indem sie sich in Angelegenheiten einmischen, die sie nichts angehen. Doch das bleibt nicht ohne Spuren.

Die **Auswirkungen** solcher Grenzverletzungen können ziemlich belastend sein. Auf lange Sicht staut sich Frustration an, und du fängst vielleicht an, dich emotional zurückzuziehen, um dem ständigen Druck zu entkommen. Das kann dein Gefühl von Vertrauen und Sicherheit innerhalb der Familie zerstören – und in schlimmen Fällen eine richtige Kluft zwischen den Mitgliedern schaffen. So merkst du, dass das Thema wichtig ist.

Aber wie gehst du damit um? Einfach Gespräche führen reicht oft nicht aus, wenn die Respektlosigkeit immer wieder auftritt. Hier kommt die **Konsequenz** ins Spiel.

Konsequenz ist in Familienbeziehungen besonders wichtig. Denn wenn eine Regel geändert oder neu gesetzt wird, ist das Gefühl von "Es wird schon eh nichts passieren, auch wenn ich die Grenze missachte" schwer zu brechen. Wenn du eine neue Grenze setzt oder klar machst, dass bestehende nicht überschritten werden dürfen, musst du konsequent auf Regelverletzungen reagieren. Das kann schwierig sein, weil du natürlich nicht der "Böse" in der Familie sein willst. Aber wenn du bei Grenzüberschreitungen nicht klar und direkt reagierst, wird die Grenze immer wieder missachtet. Einmal nachgeben reicht oft schon, dass die alte Dynamik sich wieder etablieren kann. Darum ist Konsequenz unumgänglich und ein Zeichen von **Respekt** – sowohl gegenüber dir selbst als auch gegenüber dem Familienmitglied.

Wenn ein Mitglied der Familie eine Grenze überschreitet, ist es entscheidend, eine klare und beständige Reaktion darauf zu zeigen.

Das bedeutet nicht, dass du gleich den Hammer fallen lassen musst. Vielmehr sollte deine Reaktion maßvoll, aber konsequent sein, damit du zeigst: "Ich meine das ernst."

Aber okay, was machst du, wenn eine Verletzung emotional tief sitzt? Da muss was Tiefergehendes her – was ich "Familiengrenzen Reparatur" nenne.

Der erste Schritt zur **Reparatur** nach einer Grenzverletzung ist es, Raum für die Emotionen zu schaffen, die dadurch verletzt wurden. Ja, es muss ausgesprochen werden, auch wenn's unangenehm ist. Denn nur wenn du klar benennst, wie du dich gefühlt hast und was die Grenzverletzung für dich bedeutet hat, kann das Gegenüber die Verletzung wirklich verstehen.

Dann kommt das Zuhören. Zuhören auf beiden Seiten. Keine schnellen Lösungen, nur Zuhören. Es geht nicht darum, gleich im Gespräch die Sache abzuschließen, sondern den Raum zu haben, alles sacken zu lassen. Ich weiß, es braucht Geduld. Doch es zahlt sich aus.

Danach, ideale Welt vorausgesetzt, könnte eine gemeinsame **Übereinkunft** getroffen werden – über die künftige Beachtung dieser Grenze. Alle Parteien müssen beteiligt sein, unterschwelliges Grollen spiegelt sich sonst sofort wieder. Es mag dauern, bis Vertrauen zurückkehrt, die entgegengesetzte Mühe ist aber überlebensnotwendig.

Familiengrenzen können schwer zu bewältigen sein. Aber hey – mit Klarheit, Festhalten an den eigenen Grenzen und Willen zur Heilung lässt sich vieles wieder reparieren. Manchmal macht dich sowas stärker, zeigt dir, was du wirklich willst und wie wichtig **Gemeinschaft**, Respekt und Vertrauen sind. Aber wie gesagt – das geht nur, wenn du dabei konsequent und transparent bist.

Praktische Übung: Handlungsplan für familiäre Grenzen

Identifiziere zunächst die drei größten **Grenzprobleme** in deinen familiären Beziehungen. Lass uns ehrlich sein: Es ist nicht immer leicht, Grenzen in der eigenen Familie zu erkennen. Manchmal fühlt sich alles wie ein riesiger Klumpen an - du weißt, dass dich etwas stört, aber es ist schwer, den Finger darauf zu legen. Was sind in deinen Beziehungen wirklich die Dinge, die an deinen Nerven zerren? Vielleicht fordert jemand in der Familie (direkt oder indirekt) deine **Zeit**, ohne zu fragen. Oder es ist Tante Rita, die sich ständig in deine Erziehung einmischen will. Oder dieser eine Cousin, der immer mehr Geld will, als er je zurückzahlt. Was auch immer es ist, benenne es einfach.

Wähle jetzt die drei größten, nervigsten **Probleme** aus. Die Dinger, bei denen du merkst: "Das geht so nicht mehr." Warum drei? Es macht es einfacher, den Überblick zu behalten und das Ziel erreichbar zu halten.

Sobald du diese drei Probleme identifiziert hast, geh zum nächsten Schritt. Aber erst, wenn du dir sicher bist, dass es genau diese drei sind, denn es wird tiefer gehen.

Schreib dir für jedes dieser Probleme auf, wie deine ideale **Grenze** aussehen würde. Nimm dir Zeit, setz dich an den Küchentisch und lass es bei deinem Lieblingsgetränk sacken. Dann notiere, was in der idealen Welt passieren soll und wo du aktuell stehst. Tante Rita sollte in einer idealen Welt aufhören, ungebetene Ratschläge zu erteilen, oder? Unglaublich nervig! Vielleicht hält sie dir bei jedem Familientreffen endlose Vorträge - eine Batterie von Tipps, die niemand aufgeladen hat.

Oder definiere, wo bei der Geldsache deine **Schmerzgrenze** liegt. Dein Cousin könnte endlich verstehen, dass "Nein" tatsächlich "Nein" bedeutet. Doch momentan fragt er immer wieder das

Gleiche. Dieser Vergleich zwischen Wunsch und Realität ist wie ein Spiegel, der dir zeigt, was wirklich zählt.

Mit diesem Wissen kannst du einen spezifischen **Aktionsplan** für jedes der drei Probleme entwickeln. Setze die Puzzleteile zusammen und erstelle einen klaren Plan - keine abstrakten Konzepte, sondern einfache Schritte, die du umsetzen kannst. Bei Tante Rita könnte das bedeuten, ihr höflich zu sagen, dass du ihre Ratschläge nicht brauchst. Beim Cousin einfach "Nein" sagen und einen Backup-Plan haben, um standhaft zu bleiben.

Die besten Pläne scheitern oft an der Umsetzung. Deshalb, bitte, mach einen ehrlichen Aufriss! Erstelle einen **Zeitplan** - setze Deadlines und bleib dran. Wie wäre es, in den nächsten Monaten Schritt für Schritt deinen Weg zum Besseren anzugehen?

Zu guter Letzt: Plane ein **Familientreffen**, um diese neuen Grenzen vorzuschlagen. Es wird wahrscheinlich unangenehm sein, aber wende die Schritte an, zeige, was du gelernt hast, und erkläre die Gründe mit ruhigem Kopf. Sei ehrlich, sei du selbst und vor allem, bleibe fest. Das Treffen gibt dir eine Plattform, um Klarheit zu schaffen und Missverständnissen vorzubeugen. Mach es lieber einmal richtig, als in die Falle der Euphorie zu tappen und nur zu warten, ohne Initiative zu ergreifen.

Kapitel 10: Grenzen in romantischen Beziehungen

Willst du eine **erfüllte** Beziehung führen? Vielleicht liegt der Schlüssel gar nicht so weit entfernt. **Grenzen**, ein echt wichtiges Thema, das oft übersehen wird. Ich habe Köpfe und Herzen beklopft - es gibt immer diese Momente, in denen du dich fragst: "Wie weit sollte ich gehen?". In diesem Kapitel nehme ich dich mit, um dein eigenes Ich zu **stärken**, während du in einer Beziehung bist. Eine **Kunst**, die schnell verloren gehen kann, aber geh' lieber nicht ohne sie los.

Du bist zu neugierig, weil du gespannt bist, ob du es hinkriegen kannst? Cool! In diesem Kapitel erkläre ich, wie du **Anfangsgrenzen** festlegst, **Knoten** in langen Partnerschaften löst und zeige dir eine praktische **Übung** für den Alltag. In deiner Hand liegt die **Macht** - glaube nicht, ohne Rückgrat durch das gemeinsame Leben zu gehen.

Die Rolle von Grenzen in gesunden Partnerschaften

Du kennst das vielleicht—Grenzen in einer Beziehung könnten auf den ersten Blick eher distanzierend wirken. Doch interessanterweise schaffen Grenzen die Basis für wahre **Intimität** und **Vertrauen**. Denn ohne Grenzen, wo bleibt dann der Raum für

Individualität? Klar, "Nein" zu sagen kann im Moment unangenehm sein. Aber komischerweise fördert es manchmal mehr Ehrlichkeit und Nähe als ein schwaches "Ja". Du fühlst dich erfolgreicher, weil du ehrlich warst und dir nichts vorgemacht hast. Das stärkt die **Verbindung**, weil jeder weiß, dass du das kommunizierst, was dir wirklich wichtig ist. Das ist es, was auf lange Sicht Nähe schafft— und nicht nur eine vermeintliche Harmonie.

Ganz persönliche Grenzen sind auch super wichtig, um vor Gewöhnung zu schützen. Mal ehrlich, wenn du alles direkt teilst, bleiben irgendwann keine Geheimnisse mehr, oder? Ein bisschen individuelles Territorium zu haben kann die Neugierde und das Interesse wachhalten und verhindert, dass sich alles zu eng verflochten anfühlt.

Doch wo schaffen Grenzen letztlich Intensität und Vertrauen? Grenzen setzen heißt ja nicht "Desinteresse", sondern fordert die partnerschaftliche Beziehung heraus. Auch hier ein kluger Spruch von Clausewitz: "Vertrauen ist gut, Kontrolle ist besser"—in menschlicher Hinsicht bezogen! Grenzen entwickeln sich oft in einem **Prozess**, sie sind keine starren Linien. Ist eine potenzielle Grenze sichtbar, kannst du sie besprechen und ausprobieren. Grenzen geben also Richtung und Struktur vor—wie Leitplanken auf einer Straße—, aber fördern dabei auch **Selbstbekräftigung** und Selbstverbesserung. Streitigkeiten oder Meinungsverschiedenheiten solltest du nicht unter den Teppich kehren, sondern in einer respektvollen Art und Weise ansprechen.

Auf diese Art unterstützen Grenzen auch die **Identität** des Paares als Einheit. Wie das funktioniert, ist eigentlich ziemlich einfach. Indem jeder individuell Zeit für sich beanspruchen kann, wird Gleichgewicht und Ausgeglichenheit in der Partnerschaft gefördert. Das Paar entwickelt eine Basis gegenseitigen Respekts: Du respektierst die Grenzen deines Partners, er respektiert deine. Ganz natürlich entsteht dadurch eine Art "Wir", das eben nicht nur dich oder ihn abbildet, sondern die völlige Einheit einer Partnerschaft auszeichnet. Aber eben ohne, dass dabei das Individuelle verloren geht - das Gleichgewicht spielt innerhalb gesunder Grenzen eine enorme Rolle!

Es geht auch hier wieder um Feingefühl: Wie oft hat sich ein Mensch in einer Partnerschaft verloren, weil sich die Grenzen stetig verschoben haben? Das passiert oft, wenn man mehr "wir" sagt und weniger "ich". Was also kannst du daraus lernen?

Wenn du dich in deinem Alltag und deinem Umfeld verlierst, scheint das Aufrechterhalten persönlicher Grenzen eine regelrechte Herausforderung zu sein, aber mit ein wenig Übung ist es schnell in den Alltag zu integrieren.

Grenzen vereinbar zu machen, um eine gemeinsame Identität stark zu halten, ist wichtig—daran zeigt sich die wahre **Partnerschaftlichkeit**.

Hier sind einige Fragen, die dir durch die wahren Tücken der Beziehungsgrenzen helfen können:

• Hast du ausreichend Zeit für ganz persönliche Dinge?

• Vermittelst du klar, was dir in einer Beziehung wichtig ist?

• Stehst du nach einem "Ja" voll dahinter?

• Werden Differenzen besprochen, statt versteckt zu werden?

• Akzeptiert dein Partner angefochtene Grenzen problemlos?

• Legt ihr als Paar gemeinsame Werte fest für das, was in der Beziehung inakzeptabel ist?

• Werden Entscheidungen gemeinsam im Konsens erarbeitet?

Schlussendlich lässt sich hier klar festhalten: Grenzen schützen nicht nur, sondern können manchmal auch herausfordern und

Struktur geben. Sie sind von großer Bedeutung für eine gesunde **Partnerschaft**.

Grenzen frühzeitig in Beziehungen setzen

Es ist doch so – klare **Erwartungen** von Beginn an zu setzen, ist total wichtig. Wenn du von Anfang an weißt, was okay ist und was nicht, vermeidest du jede Menge Stress auf dem Weg. So kannst du dich in der **Beziehung** sicher fühlen, anstatt dich später über ungeklärte Dinge zu ärgern. Und es ist viel einfacher, wenn ihr beide gleich am Anfang darüber sprecht, was ihr von der Beziehung wollt. Es setzt den Rahmen für alles, was noch kommt.

Wenn du gleich zu Beginn **Grenzlinien** ziehst, verhinderst du zukünftige Missverständnisse. **Konflikte** entstehen oft, weil zwei Personen einfach nicht die gleichen Erwartungen an die Beziehung haben. Wenn einer zum Beispiel denkt, dass es eine feste Sache ist, während der andere eher was Lockeres im Kopf hat, kann das richtig ins Chaos führen. Durch diese klärenden Gespräche vermeidest du, in solche Fallen zu treten. Es ist besser, es zu wissen, bevor die Gefühle echt tief gehen.

Und weißt du was? Hier stößt man oft aufs Problem: Viele wollen am Anfang niemanden abschrecken, indem sie direkt solche Themen ansprechen. Sie denken, es könnte unhöflich sein oder zu forsch wirken. Aber glaub mir, es zeigt bloß, dass du genau weißt, was du willst und dass du die Beziehung ernst nimmst. Es gibt nichts Schlimmeres, als zu schweigen und später in schwierige Situationen zu geraten, die leicht vermieden hätten werden können.

Jetzt zu merken, dass klare Grenzen im Vorhinein zu setzen, nicht nur wichtig, sondern auch entlastend ist. Du ersparst dir viele schlaflose Nächte, indem du dich frühzeitig absicherst. Wenn ihr beispielsweise anfangt, über eure **Karrierewege** zu reden, könnt ihr gleich etablieren, wieviel Zeit ihr für euch als Paar einplant. Ist es jeden Abend gemeinsames Abendessen oder gibt es Flexibilität, je nachdem, was gerade bei jedem los ist? Auch kleine Dinge wie die Frage „Ist es okay, dass das Handy mitten beim Date gescheckt wird?" können später ein für beide angenehmes Verhältnis fördern.

Das **Gespräch** über neue Beziehungsgrenzen ist auch keine Sache, die nur einmal stattfindet. Eigentlich solltest du dies als gesunden Austausch sehen, der immer mal wieder passiert. Und jetzt kommt ein Leitfaden für dich, um diese Konversation leichter anzugehen:

• Such dir lieber einen entspannten Moment aus, vielleicht beim Spaziergang oder gemütlich während ihr zusammen kocht.

• Fang fragend an – „Wie fühlst du dich darüber, wenn wir xyz tun?" anstatt direkt zu sagen, was okay für dich ist.

• Hör zu – das ist superwichtig. Lass den anderen wirklich sprechen, auch wenn es für dich ungewohnt oder unbequem wird.

• Sei klar – sag genau, was ein Dealbreaker sein könnte. Kein schockierender Inhalt, einfach nur ehrliches Reden, was jeder von euch will.

Diese Gespräche sind keine Einfallstore für Drama. Sie sind deine Chance, eine vertrauensvolle Grundlage zu schaffen.

Fazit: Frühzeitige Klarheit sorgt dafür, dass du ruhig und unbesorgt in der Beziehung bist. **Erwartungen** rechtzeitig zu besprechen, bewahrt ungemein, ehe du dich in unerwarteten Situationen wiederfindest, die mit ein wenig Ehrlichkeit und Mut leicht vermieden worden wären. Gemeinsame, wiederholte Gespräche schaffen genau den sicheren Rahmen, den keine Entwicklung durch innere Angst sprengen muss.

Bewahrung der individuellen Identität innerhalb einer Partnerschaft

Die eigenen **Grenzen** sind in einer Partnerschaft wie der Rahmen eines Gemäldes. Sie helfen zu definieren, was dein Bereich ist und was der Bereich deines Partners ist. Ohne diese Grenzen kann es leicht passieren, dass du dich selbst verlierst – dich auflöst im "Wir" und deine eigene **Identität** vernachlässigst. Das führt nicht selten dazu, dass Partnerschaften ungesund und einengend werden. Grenzen bei dir selbst zu ziehen hilft dir dabei, deine eigene Individualität zu bewahren, auch wenn du Teil eines Paares bist.

Dabei geht es nicht nur um äußerliche Aspekte wie Hobbys oder Freundschaften, sondern auch um deine inneren Welten – deine Gedanken, Wünsche und **Emotionen**. Dir selbst treu zu bleiben bedeutet, dass du dir darüber klar bist, wo du stehst und was dir persönlich wichtig ist, unabhängig von deiner Beziehung. Es erlaubt dir, Nein zu sagen, wenn es nötig ist, und Ja, wenn es sich richtig anfühlt.

Jetzt lass uns mal über **Differenzierung** sprechen, ein Konzept, das dir vielleicht nicht direkt vertraut ist, aber in einer gesunden Beziehung eine Schlüsselrolle spielt.

Differenzierung bedeutet nicht, dich von deinem Partner abzugrenzen oder eine Mauer zu bauen. Ganz im Gegenteil, es geht darum, dass ihr beide in eurer Beziehung individuell und authentisch bleiben könnt, ohne euch im anderen aufzulösen. Du bringst deine eigene Sichtweise, deine eigenen Gefühle und deine eigenen Bedürfnisse mit, und es wird erwartet, dass dein Partner diese Unterschiede respektiert. Und das Schöne daran ist, dass diese Unterschiede auch gefeiert werden können, statt als Hindernis behandelt zu werden.

Ein klarer Vorteil von Differenzierung ist es, dass sie das Paar stärkt. Wieso? Weil du dir bewusst bist, dass ihr zwei unabhängige Personen bleibt, egal wie eng eure Bindung ist. Unterschiedliche Meinungen oder kleine **Konflikte** lassen sich auf diese Weise nicht nur einfacher lösen, sondern werden auch als natürliche und gesunde Teile der gemeinsamen Entwicklung wahrgenommen. In deinem Inneren stehst du auf solidem Grund – und das stabilisiert nicht nur dich, sondern auch die Beziehung.

Aber wie geht das praktisch – die Identität innerhalb der Beziehung zu bewahren, ohne die **Verbindung** zum Partner zu verlieren? Eine Technik, die besonders effektiv ist, nenne ich die "Technik zur Identitätsbewahrung". Was bedeutet das konkret?

Diese Technik fördert regelmäßigen, bewussten Abstand zum Partner. Das heißt nicht, dass du dich distanzieren oder psychologisch abkapseln solltest. Vielmehr bedeutet es, Zeit für dich selbst einzuplanen. Nimm dir einen Nachmittag, um zu tun, was dir allein Freude bereitet – sei es ein Spaziergang, ein Kreativ-Projekt oder einfach nur Stille. Gönn dir auch Momente, in denen du über deine eigenen Ansichten nachdenkst, sogar über deine Partnerschaft – ganz ohne das direkte Einwirken deines Partners.

Gleichzeitig ist es wichtig, die Möglichkeit bereitzuhalten, dich in angespannten Momenten zurückzuziehen. Also dir den Raum zu geben, dich in schwierigen Situationen erst einmal um deine eigene emotionale Welt zu kümmern, bevor du dich wieder deinem Partner zuwendest. Dadurch hast du die Chance, authentisch in der Interaktion mit deiner besseren Hälfte zu bleiben, was wiederum die Beziehung stärkt.

Mit dieser Technik erkennst du, dass es notwendig ist, sowohl als Individuum als auch als Teil eines Paares zu **wachsen**. Sich die Zeit zu nehmen, deinen eigenen Interessen nachzugehen oder mal einfach nur bei dir selbst zu sein, stärkt deine spirituellen, also ja... fast philosophischen Muskeln. Das sage ich als Gleichnis, um dir eine Vorstellung davon zu geben. Es ist wie **Krafttraining** – sowohl für deine Individualität als auch für deine Beziehung.

Umgang mit Grenzproblemen in langfristigen Beziehungen

In **langfristigen Beziehungen** verschwimmen manchmal die Grenzen, ohne dass du es wirklich merkst. Kennst du das? Am Anfang hast du klare **Vorstellungen**, wer du bist und was du willst. Aber irgendwann, nach Jahren gemeinsamen Lebens und Erlebens, stellst du vielleicht fest, dass du deine eigenen **Bedürfnisse** und Wünsche zugunsten deines Partners zurückgestellt hast. Plötzlich gibt es Momente, in denen du dich fragst: "Wie sind wir hier gelandet?" Es ist nicht unbedingt etwas Großes passiert. Stattdessen haben viele kleine **Kompromisse** das Fundament aufgebaut, auf dem diese neuen, weicheren oder sogar nicht mehr vorhandenen Grenzen stehen. Dieser Grenzabbau kann so langsam vonstattengehen, dass du ihn gar nicht wirklich realisierst – bis zu dem Punkt, an dem er unübersehbar ist.

Für viele beginnt dies zum Beispiel in kleinen Dingen: Du verwirfst deine eigenen Interessen oder Bedürfnisse, um deinem Partner entgegenzukommen. Vielleicht bist du früher regelmäßig alleine zum Sport gegangen oder hattest ein **Hobby**, das dir viel bedeutet hat. Irgendwann wird das immer weniger, weil ihr häufiger Zeit zusammen verbringen möchtet, bis es schließlich ganz aufhört. Oder du lässt deinem Partner immer den Vortritt bei Entscheidungen – ob es um die nächste Urlaubsplanung geht oder einfach darum, welche Filme geschaut werden. Doch wie wirkt sich das langfristig aus? Du gibst ein Stück nach dem anderen nach, und plötzlich scheint es, als hättest du jegliche **Autonomie** eingebüßt.

Vielleicht denkst du jetzt: "Ja, das klingt irgendwie bekannt." Aber keine Sorge, es heißt nicht, dass es keine Lösung für dieses

Dilemma gibt. Es bedeutet nur, dass es Zeit ist, die Grenzen neu zu verhandeln.

Aber egal wie unsichtbar die vorgenommene Grenzverschiebung vielleicht war – **Veränderungen** geschehen trotzdem in jedem Verhältnis, und wie du dich mit diesen Neuerungen auseinandersetzt, bestimmt, wie ihr weiter zusammenwachsen könnt. Bevor die Grenzen endgültig verblassen, ist es extrem sinnvoll, sie nochmal neu zu definieren – und das kann durchaus dynamisch geschehen, wenn sich bedarfsweise die Lebensstile ändern, oder sich unterschiedliche Umstände in eurem Rollenverhältnis ergeben.

Es mag einschüchternd klingen, Veränderungen anzusprechen und Grenzen neu zu verhandeln. Aber was wäre, wenn es gar nicht so komplex wäre? Stell dir vor, ihr nehmt euch einfach mal beide eine bewusste *Auszeit*, vielleicht mit einem guten Gespräch bei einem Glas Wein, um ehrlich zu reflektieren: Wo stehen wir eigentlich im Moment? Sind da Dinge auf der Strecke geblieben, die wir wieder ins Leben rufen sollten?

Diese Verhandlungen könnten bedeuten, dass Raum für persönliche Zeit geschaffen wird oder ihr gemeinsam neue Grenzen zieht, die besser zum aktuellen Lebensstil passen. Auch wenn es um Dinge geht, die wichtig sind – ob gemeinsam als Paar oder als Einzelperson, ist es notwendig einen Plan für diese Neuausrichtung zu schmieden. Und vor allem: daran festzuhalten!

Der "Grenz-Reset" ist kein brutales Abkommen oder eine zementierte Einbahnstraße. Es geht darum, gemeinsam einen Weg zurück zu dir selbst zu finden. Denk daran – wenn eure Bedürfnisse sich ändern, dann sollten sich auch eure Vereinbarungen anpassen! Deswegen ist es hilfreich, den "Reset" als fortlaufenden Prozess zu betrachten, bei dem ihr regelmäßig eincheckt und überlegt, was noch Sinn macht und wo Anpassungen nötig sind.

Am Ende geht es darum, diese Absprachen und Neudefinitionen mit Wertschätzung und Respekt zu behandeln – für euch beide. Nichts muss in Stein gemeißelt bleiben, und das ist eine gute Nachricht, *nicht wahr?* Es ist nichts, was du einfach abhakst und gut ist. Denn in den Veränderungen liegt das **Wachstum**, und das gilt auch für eure Liebe.

Praktische Übung: Beziehungs-Grenzen Check-In

Hey Kumpel, lass uns mal über deine **Beziehungsgrenzen** quatschen! Hier ist eine coole Übung für dich:

Zuerst überlegst du dir deine fünf wichtigsten persönlichen Grenzen in romantischen Beziehungen. Denk mal drüber nach, was dir echt am **Herzen** liegt. Vielleicht hattest du schon Momente, wo du dachtest: "Ne, das geht gar nicht!" Genau da setzen deine Grenzen an. Schreib sie auf. Das können Sachen sein wie Zeit für dich allein, Respekt bei Diskussionen oder 'ne klare Abmachung zur Aufgabenverteilung im Haushalt. Alles, was du brauchst, um dich in deiner **Beziehung** wohl zu fühlen.

Wenn du diese Liste vor dir hast, wird dir einiges klarer über deine Bedürfnisse. Deine Grenzen zeigen, was für dich okay ist und was nicht. Je mehr du drüber nachdenkst, desto deutlicher wird's.

Als Nächstes bewertest du, wie gut diese Grenzen aktuell respektiert werden. Nimm 'ne Skala von 1 bis 10, wobei 1 "überhaupt nicht" und 10 "besser geht's nicht" bedeutet. Sei ehrlich zu dir selbst, Alter! Es geht nicht um richtig oder falsch, sondern darum, wie's gerade in deiner Beziehung läuft.

Ein Beispiel: Wenn einer deiner **Grenzpunkte** "Zeit allein" ist, wie sieht's damit aus? Fühlst du dich eingeengt? Wenn du hier 'ne 5 gibst, zeigt das, dass noch Luft nach oben ist.

Jetzt identifizierst du Bereiche, in denen Grenzen klargestellt oder verstärkt werden müssen. Schau genau hin: Welche Grenzen fühlen sich schwammig an oder werden übersehen? Wenn deine "Zeit allein" nur 'ne 5 kriegt, solltest du da **ansetzen**. Wo hakt's? Fehlt klare **Kommunikation** oder setzt du dich zu wenig durch?

Mach dir 'nen Plan, wie du das im Gespräch mit deinem Partner auf den Tisch bringen willst. Überleg dir, wie du das Thema **ansprechen** kannst, ohne gleich 'ne Bombe platzen zu lassen. Vielleicht hast du ein paar konkrete Vorschläge, wie ihr gemeinsam dran arbeiten könnt.

Zum Schluss planst du 'ne feste Zeit für dieses **Gespräch** ein. Such dir 'nen ruhigen Moment aus, wo ihr beide entspannt seid und Zeit habt, die Sache in Ruhe zu besprechen.

Diese Übung hilft dir, deine Grenzen klar zu sehen und dafür zu sorgen, dass sie in deiner Beziehung respektiert werden. Viel Erfolg dabei, Bruder!

Abschließend

In diesem Kapitel hast du viel über die **Bedeutung** von Grenzen in romantischen Beziehungen gelernt. Von der Rolle einer gesunden Grenze bis hin zu individuellen Bedürfnissen und der Stärkung beider Partner – all diese Aspekte helfen dir dabei, Beziehungen auf blühender Grundlage aufzubauen. Begrenzen bedeutet nicht, eine Mauer zu errichten, sondern den Raum für ein gegenseitiges **Verständnis** und ein tieferes **Vertrauen** zu schaffen.

Du hast in diesem Kapitel gesehen, weswegen klare Grenzen Vertrauen und emotionales Wohlbefinden stärken. Außerdem hast du gelernt, wie persönliche Grenzen gleichzeitig eine gesunde Paaridentität aufbauen. Es wurde dir klar, wieso es wichtig ist, von Anfang an **Erwartungen** festzulegen, um Konflikte zu vermeiden.

Du hast verstanden, dass persönliche Grenzen die eigene **Identität** innerhalb einer Beziehung schützen können. Zusätzlich hast du weitere Schritte zur Erneuerung und Stärkung deiner Grenzen im Verlauf einer langanhaltenden **Beziehung** kennengelernt.

Denk daran: Jeder hat das Recht auf eigene Grenzen, und respektvoll gesetzte und eingehaltene Grenzen tragen dazu bei, dass beide Partner wachsen und gedeihen können. Nun liegt es an dir, diese **Weisheiten** in deine eigene Partnerschaft einzubringen. Probier es aus – denn deine **Beziehungen** sind es wert!

Kapitel 11: Grenzen am Arbeitsplatz

Hast du dich schon mal gefragt, warum die **Arbeit** dir manchmal buchstäblich den Atem raubt? Ich weiß, wie überwältigend das sein kann. Kein Zweifel, das **Balancieren** von Arbeits- und Privatleben ist eine Kunst. In diesem Kapitel begleite ich dich ein wenig dabei, klare **Grenzen** zu setzen – ja, auch gegenüber Kollegen und Vorgesetzten, ohne dass du dabei zu streng wirkst oder das Gefühl bekommst, du würdest ständig zwischen diesen beiden **Welten** hin- und hergerissen.

Du wirst auch erfahren, was zu tun ist, wenn jemand deine Grenzen **überschreitet** und welche Tricks es gibt, um alles entspannt in den Griff zu bekommen. Es sind tatsächlich ein paar simple, aber effektive **Tipps**, die du Stück für Stück in deinem **Arbeitsalltag** anwenden kannst. Na, neugierig? Du bist näher dran, als du denkst... also, lass uns **loslegen**!

Berufliche Grenzen vs. Persönliche Grenzen

Im Alltag gibt es **Grenzen**, die du überall ziehen musst - am Arbeitsplatz und in deinem persönlichen Leben. Aber hast du dir jemals Gedanken darüber gemacht, wie unterschiedlich diese beiden Grenzen sind? Berufliche Grenzen betreffen, wie du dich in der Arbeit siehst, dein Verhalten mit Kollegen, deine **Aufgaben** und sogar, wie du auf Anfragen reagierst. Auf der anderen Seite drehen sich persönliche Grenzen um **Gefühle**, Werte und die Menschen, die dir am Herzen liegen. Da ist also schon ein klarer Unterschied.

Wenn du an berufliche Grenzen denkst, denkst du vielleicht: "Klingt ein bisschen steif und förmlich." Und klar, im Büro solltest du vielleicht etwas distanzierter sein als bei einem Grillabend mit Familie und Freunden. Berufliche Grenzen schaffen einen Raum, der respektvoll und **professionell** bleibt. Es bedeutet, dass du klarstellst, wann Arbeit aufhört und persönliche Dinge anfangen. Warum? Weil du so - also mit klaren, respektvollen Grenzen - Stress abbauen kannst. Deswegen bringt richtiges Grenzen setzen nichts anderes als Entspannung in dein tägliches Arbeitsleben.

Aber lass uns jetzt die positiven Auswirkungen betrachten, wenn du klare berufliche Grenzen setzt. Stell dir vor, du hast deine Grenzen am Arbeitsplatz gesetzt und alle halten sich daran. Was würde das wohl bewirken? Weniger Chaos, mehr **Respekt**. An einem Arbeitsplatz, wo jeder weiß, wo die Grenzen liegen – Arbeitszeiten, wichtige Aufgaben, persönliche Freiräume – da haben Stress und Frust nicht so viel zu suchen. Kollegen lernen deine Grenzen zu respektieren, weil du selbstbewusst kommunizierst, was für dich geht und was nicht. Da bleibt die Energie für die wirklich wichtigen Dinge übrig.

Das führt uns jetzt zur "Arbeits-Lebens-Grenzen-Karte". Schon mal gehört? Stell dir eine **Landkarte** vor, die dir den Weg weist, wie du dein berufliches Umfeld gestaltest und definierst. Sowas wie eine kleine Selbsthilfe, um Klarheit zu bekommen. Denn es ist leicht gesagt, "oh, setze deine Grenzen", aber wie, wenn dir der Plan fehlt? Diese Karte hilft dir Schritt für Schritt durchzugehen, was für dich beruflich akzeptabel ist, wo du stoppen solltest und wie du ohne schlechtes Gefühl Nein sagen kannst. Einfach als Idee für dich: Schreib mal auf, wie du deine **Arbeitszeiten** handhaben willst, welche Aufgaben dir wirklich Energie rauben und welche dir guttun. Klarheit auf dem Papier kann bei der Umsetzung wirklich helfen.

Der Punkt ist: Sich die Zeit zu nehmen, über diese Grenzen nachzudenken, bringt dir die Kontrolle über dein Arbeitsleben zurück, und... das kann doch jeder gebrauchen, oder? Wenn du die Arbeit in ihrem Bereich hältst und nicht in dein Privatleben rutschen lässt, bleibt das Ganze im **Gleichgewicht**. Auf diese Weise schützt du, was außerhalb der Arbeit zählt. Du nimmst das Beste aus beiden Welten. Im Arbeitsbereich wissen Kollegen, was du brauchst, und zu Hause - da bleibt's deins. Das einfache Setzen dieser Grenzen kann dir mehr Leichtigkeit, Balance und zuletzt vielleicht sogar **Zufriedenheit** in dein Leben bringen. Tja... klingt nach einem hilfreichen Deal, nicht wahr?

Grenzen setzen mit Kollegen und Vorgesetzten

Grenzen mit Kollegen zu setzen, kann manchmal echt knifflig sein. Vielleicht denkst du, du möchtest nicht als schwierig oder unfreundlich rüberkommen. Doch genau hier liegt der **Trick**: Es geht nicht darum, anderen vor den Kopf zu stoßen, sondern ganz klar zu **kommunizieren**, was für dich okay ist und was nicht. Schlichte, klipp und klare Sätze sind dabei wirkungsvoller als lange Erklärungen. Zum Beispiel könntest du sagen: „Ich **arbeite** am besten, wenn ich in dieser Zeit ungestört bin." Oder: „Mir ist es wichtig, pünktlich **Feierabend** zu machen." Es klingt einfach, und genau das ist es auch. Indem du deine Grenzen auf diese Weise mitteilst, setzt du klare Erwartungen, sodass weniger Missverständnisse oder unbewusste Grenzüberschreitungen passieren. Und mal ehrlich, das macht das Büroleben für alle leichter.

Dranbleiben ist wichtig. Es kann sein, dass ein Kollege ein- oder zweimal infrage stellt, warum du etwas so machst. In dem Moment kannst du ruhig und freundlich, aber bestimmt wiederholen: „So funktioniert es am besten für mich." Punkt. Du musst es nicht weiter rechtfertigen. Die meisten Leute werden schnell **checken**, dass es keinen Spielraum gibt. Du zeigst auch mit dieser Klarheit, dass du deine Aufgaben ernst nimmst, allein deshalb, weil du dir selbst Respekt zollst. Und das erwarten schließlich viele Vorgesetzte und Kollegen.

Der Übergang zur Frage, wie man sich angemessen verhält, wenn Grenzen überschritten werden, ist fließend. Es ist eine **Kunst**, jemandem zu sagen, dass er den Bogen überspannt, ohne dass es wie ein Vorwurf klingt. Natürlich kann das eine heikle Situation sein. Ich trauere jedoch der Unsicherheit nicht nach, wenn man das in einem ruhigen, professionellen Ton anspricht. Vielleicht sagst du etwas wie: „Ich möchte Bescheid geben, weil ich das Gefühl habe, dass wir auf eine Grenze gestoßen sind." Der Schlüssel liegt im „wir", weil es das Thema als gemeinsame Sache darstellt und nicht auf einer einzelnen Person lastet.

Was dann folgt, ist das **Gespräch**. Bleib kurz und beim Thema. Wenn du dein Anliegen erläuterst, erreichst du beeindruckende Dinge: Dein Gegenüber fühlt sich, mit kleinen Ausnahmen, im Regelfall nicht vor den Kopf gestoßen. Ihr könnt dann gemeinsam nach einer Lösung suchen. Egal, ob es mehrere Anläufe braucht, diskutiert und findet eine Lösung, du bleibst im festgelegten Rahmen.

Ein weiterer Ansatz ist ein schon vorgefertigtes Muster, die sogenannte „Professionelle Grenzerklärung". Stell dir vor, wie einfach Dinge liefen, würdest du jedes Mal das Gleiche sagen. Beginne freundlich, aber klar: „Mir ist es wichtig, unsere Unterhaltung zu einem späteren Zeitpunkt in ruhigerer Atmosphäre fortzusetzen, da ich mich gerade auf diese Aufgabe konzentriere." Fass dich kurz – freundlich, aber bestimmt. Es schafft klare Verhältnisse, stiftet **Vertrauen** und lässt keine Missverständnisse offen.

Genauso kann es laufen, wenn du mit Vorgesetzten sprichst: Klarheit, Respekt und auf den Punkt kommen. Perspektiven wechseln und Gemeinsamkeiten betonen. Keine langen Erklärungen.

Diese Übergänge und die Inhalte zeigen deutlich, dass es viel mehr ist als nur Grenzen zu ziehen. Es geht darum, soziale und intellektuelle Feinheiten zu beachten. Sensibilität im Umgang mit anderen ist genauso wichtig wie klare **Grenzen** zu setzen. Also, während du lernst, mit kritischen Situationen, heiklen Themen und schwierigem Verhalten umzugehen, betrachte es als Herausforderung. Nicht ignorieren, freundlich durchführen, aber bestimmt bleiben.

Ausgleich von Arbeit und Privatleben

Im Job Vollzeit durchzuziehen und gleichzeitig dein **Privatleben** unter Kontrolle zu behalten? Keine einfache Aufgabe. Aber klare Grenzen – das ist wie ein magisches Mittel gegen **Burnout**. Ganz ehrlich, wenn du nicht weißt, wann Arbeit wirklich aufhört und **Freizeit** beginnt, brennst du am Ende auf allen Enden ab. Und wer will das schon? Klare Arbeits-Grenzen setzen, und schon schützt du nicht nur deine Gesundheit, sondern wirst unglaublich produktiver.

Wie funktioniert das eigentlich? Lass es mich so sagen: Wenn du ständig am Arbeiten bist, dann leidet alles – Schlaf, Familie... Du kriegst das Bild. Isa, eine gute Freundin von mir, lernte das auf die harte Tour. Jeden Abend, nach einem stressigen Arbeitstag, saß sie in ihrem Wohnzimmer und war dennoch mental im **Büro**. Überall herumflatternde E-Mails, ständig klingelndes Handy. Und schwupps, irgendwann ging's bergab – Burnout in Sichtweite. Als sie anfing, sich strenge **Arbeitszeiten** vorzunehmen und abends wirklich abzuschalten, das war wie ein Neuanfang. Langsam kam die Energie zurück, und das Beste – auch die Arbeit wurde leichter. Grenzen ziehen? Ist wie Namen auf die Türschilder schreiben eben.

Jetzt aber auch zur Bedeutung von digitalen Grenzen! In heutigen Zeiten wird alles so oft von Messenger-Nachrichten und E-Mails erschlagen, dass ständige Erreichbarkeit plötzlich zur Norm wird. Die Sache? Tatsächlich stört das nicht nur im Privatleben, dein **Arbeitsplatz** leidet auch darunter. Denk mal drüber nach: Bist du schon mal gestört worden während eines Konzentrationsschubs? Übereifrige E-Mails mitten in der Nacht sollten tabu sein.

Digitale Grenzen zu ziehen, das könnte genau die Lösung sein, die du fürs eigene mentale Wohlbefinden suchst. Stina meinte es mal so klar: „Ab 20 Uhr schalte ich mein Handy auf den Stumm-Modus." Feierabend ist Feierabend, keine Wünsche nach einem Rückruf um Mitternacht. Diese digitalen Pausen zwischen den Arbeitszeiten entschärfen den Druck enorm – du gewinnst an **Lebensqualität** und, Wunder über Wunder, an Produktivität.

Digitale Entgiftung, wie integriert man das nun? Eine Technik, die meiner Meinung nach großartig ist, nennt sich Integration von Arbeit und Leben. Ja, nicht stur trennen, sondern schön verbinden. Manchmal reden wir ja darüber, alles separat halten zu müssen – aber diese Übung zeigt, wie man Arbeit und Leben auf gesunde Weise vermischt.

Vielleicht nimmst du die Arbeit mit, während du eine Runde am Strand joggst – die frische Luft regt die kreative Denkweise doch gleich an? Oder zu Hause einige Zeit einplanen – kleine Pausen nutzen. Integration erlaubt dir, ein bisschen beides zu haben, ohne auf das eine oder andere zu verzichten.

Zu sagen, dass kleine Momente wie diese dein Wohlbefinden erhalten können... Na klar. Lass es uns offen sagen – indem du klare und zugleich durchlässige Grenzen für beide Seiten ziehst, bemerkst du wahrscheinlich, dass alles ganz von alleine flutscht. Arbeit bleibt Arbeit. Und dein Leben bleibt bunt, frei und erfüllt. Wie gesagt: Es geht um das Stärken der Linien – aber manchmal tut's auch die **Integration**.

Umgang mit Grenzverletzungen am Arbeitsplatz

Grenzverletzungen am Arbeitsplatz sind leider keine Seltenheit. Du kennst es bestimmt – jemand übernimmt mehr **Verantwortung**, als er eigentlich sollte, oder noch schlimmer, versucht dich ständig für Aufgaben zu gewinnen, die du eigentlich ablehnen möchtest. Da kann es schon mal eng werden in der täglichen Routine. **Grenzen** zu setzen ist aber wichtig, sonst fangen die Kollegen an, den Respekt untereinander zu verlieren und das **Arbeitsklima** wird schneller frostig als dir lieb ist. Am häufigsten passiert das übrigens bei scheinbar kleinen Dingen: Jemand schaltet deine Arbeit um oder kommt wiederholt zu spät zu Meetings. Aber manchmal geht's eben auch um größere Fälle wie Respektlosigkeit oder unangebrachte Kommentare. Diese ständigen kleinen Sticheleien und Missachtungen machen die Arbeit irgendwann unerträglich. So kommt eins zum anderen und die **Leistungsfähigkeit** sinkt drastisch, und du fragst dich am Ende des Tages, was eigentlich schiefgegangen ist.

Wenn solche Grenzüberschreitungen vermieden werden sollen, ist es oft Sache der Unternehmens-Personalabteilung und fester Firmenrichtlinien. Die meisten Firmen haben **Richtlinien**, die solche Fälle klären sollen. HR – ja, die Personalabteilung – spielt dabei eine wesentliche Rolle, denn dort laufen alle Beschwerden auf. Sie sind auch dafür da, dass deine Grenzen anerkannt und durchgesetzt werden. Dafür gibt's oft klare Prozesse. Zum Beispiel, wenn jemand deine Grenze missachtet, kannst du das HR melden und die kümmern sich dann um eine faire Bearbeitung. Die kennen sich auch noch aus! Firmenspezifisch finden sie einen ausgewogenen Weg, der sowohl dir als auch allen anderen Beteiligten gerecht wird. Es ist also keine Schande, sich dorthin zu wenden, wenn es bei dir brodelt. In vielen Firmen gibt's auch **Verhaltensrichtlinien** und Vertrauenspersonen, die dir helfen, die Sache ohne Eskalation zu klären bzw. im Griff zu behalten.

Jetzt ist es aber auch so – manchmal hilft das Reden gar nichts oder verschärft das Problem nur noch! Oder du denkst vielleicht, der Kollegin etwas anzuvertrauen bringt eh nix, weil dieser Kollege gar nicht zuhört oder oft Sachen verdreht. Jedenfalls brauchst du dafür einen handfesten Plan. Das Protokoll "Antwort auf Grenzverletzungen am Arbeitsplatz" soll dir genau dabei helfen und das Problem für immer aus der Welt schaffen. Also, wie gehst du konkret vor? Niemand mag **Konfrontationen**, aber ob du's glaubst oder nicht – sobald du dich dem Problem stellst und die Sache sachlich ausspricht, fällt sozusagen ein umsichtiger Umgang leichter, die Lösung erfolgt irgendwann fast von selbst. Du fängst am besten damit an, dass du die betreffende Person freundlich, aber bestimmt auf das Fehlverhalten ansprichst. Aber nicht lange drumherum reden, sonst glaubt die Person, das sei dir unwichtig!

Falls das nicht klappt und sich die Grenzverletzungen wiederholen, geh den nächsten Schritt und wende dich direkt an HR. Hier ist es wichtig, klar und sachlich zu argumentieren, keine Vorwürfe zu machen, sondern beispielhafte Situationen zu beschreiben. Biete auch Lösungen per "Win-win" an. Ziel ist es, entweder eine direkte Konfrontation zu vermeiden oder den Kollegen dazu zu bewegen, sein Verhalten zu überdenken. Hilft auch das nicht, dann ist es wichtig, dass HR Alarm schlägt und du das **Leitbild** des Unternehmens betonst, ganz ohne Schuldgefühle.

Zusammengefasst könnte man sagen: Mach deine Arbeit, aber lass dich weder ausnutzen noch unterschätzen. Steh für dich ein, aber bleib dabei professionell und konstruktiv.

Praktische Übung: Szenarien zu Grenzen am Arbeitsplatz

Grenzen am Arbeitsplatz zu setzen, kann manchmal echt knifflig sein, besonders wenn du in verzwickten Situationen steckst. Aber keine Sorge, es gibt ein paar Tricks, die dir helfen werden, klar und professionell deine **Grenzen** zu definieren. Lass uns mal loslegen!

Zunächst überlegst du dir fünf konkrete Situationen, die am **Arbeitsplatz** immer wieder auftauchen könnten. Sowas wie zu viele Überstunden schieben, ständige Anfragen für kurzfristige Änderungen oder Kollegen, die am Wochenende nerven. Dein Kollege bittet dich dauernd, für ihn einzuspringen, obwohl's nicht dein Job ist? Genau, das gehört auch dazu!

Es ist echt wichtig, solche Momente zu erkennen. Für jede **Situation**, die dich stresst, solltest du sie aufschreiben. Es gibt bestimmt einige, die dir sofort einfallen. Oft läuft es darauf hinaus, dass dir Zeit und Energie geklaut werden, die du eigentlich für deine Arbeit (oder zum Chillen!) brauchst.

Als Nächstes geht's darum, konkrete **Antworten** vorzubereiten. Es bringt nichts, wenn du unter Druck nach Worten suchst – besser, du bist vorbereitet. Geh die fünf Szenarien durch und überleg dir für jedes eine präzise, aber freundliche Antwort, die dein Anliegen klarmacht.

Ein Beispiel wäre auf die Anfrage, ständig Überstunden zu machen: „Ich check, dass das Projekt wichtig ist, aber ich muss auf meine **Arbeitszeiten** achten. Ich kann abends nicht länger bleiben." Solche einfachen, aber klaren Formulierungen stärken dich beim Verteidigen deiner Grenze.

Jetzt hast du deine Antworten parat. Das war der harte Teil – nun kommt der Feinschliff. Du musst sie üben. Sei ehrlich, manchmal ist es schwer, die richtigen Worte zu finden. Aber wenn du vorher übst, und zwar laut, nimmst du den Druck raus.

Such dir einen **Kollegen**, mit dem du die Szenarien durchspielen kannst. Rollenspiele mit Rollenwechsel sorgen dafür, dass du nicht nur in deiner Position sicher bist, sondern auch verstehst, warum der andere vielleicht was anderes braucht. Dieses Wechselspiel ist der Schlüssel, um deinen Maßstab nach viel Übung festzulegen.

Zum Schluss kommt die **Reflexion** – jetzt ist Zeit, in den Spiegel zu schauen: Wie ging's dir beim Üben? Konntest du deine Grenzen fair und klar setzen? Gab's Schwierigkeiten oder Momente, wo du nicht so deutlich warst, wie du wolltest?

Wenn ja, kein Stress – schau dir diese Situationen nochmal an und pass deinen Ansatz an. Vielleicht änderst du ein paar Formulierungen oder arbeitest an deiner Körpersprache.

Das Ganze läuft auf einen Feinschliff hinaus – der stärkt deine Überzeugung und hilft dir, souverän mit **Szenarien** umzugehen, bei denen du deine Arbeit und dich selbst schützen musst.

Zum Schluss

In diesem Kapitel hast du viel über das richtige Setzen von **Grenzen** am Arbeitsplatz gelernt. Egal, ob du mit den Kollegen Aufgaben teilst oder mit den Vorgesetzten sprichst, es ist wichtig, dass du deine eigenen Grenzen klar ausdrückst und respektiert wirst. Dank der Hinweise in diesem Kapitel bist du jetzt bestens **ausgerüstet**, um im Berufsleben selbstbewusst aufzutreten und für ein harmonisches **Arbeitsklima** zu sorgen.

Du hast in diesem Kapitel gelernt, Unterschiede zwischen beruflichen und persönlichen Grenzen zu erkennen und warum klare, berufliche Grenzen ein positives Arbeitsumfeld schaffen. Außerdem weißt du nun, worauf du bei der Einhaltung von Berufs- und Lebensgrenzen achten sollst, um **effizient** und gesund zu bleiben. Du hast gelernt, wie es dir gelingt, deine Grenzen Kollegen und Vorgesetzten verständlich zu machen, und wie du mit **Konflikten** umgehst, ohne dabei die Wichtigkeit von respektvollem Verhalten aus den Augen zu verlieren.

Du kannst das neu gewonnene **Wissen** nutzen, um im Arbeitsalltag kompetent aufzutreten und sicher deine eigenen Grenzen zu wahren. Hab den Mut, klar und offen zu **kommunizieren**, so wirst du langfristig zufriedener sein und auch anderen helfen, ihre Grenzen respektvoll zu schützen. Es ist nie zu früh, den Start in ein ausgewogenes und glücklich gestaltetes **Berufsleben** zu wagen!

Kapitel 12: Grenzen in Freundschaften

Hast du dich schon mal gefragt, warum bestimmte **Freundschaften** dich mehr belasten als erfreuen? Während ich an diesem Kapitel gearbeitet habe, fragte ich mich das Gleiche. Manchmal sind die Linien zwischen **Nähe** und **Belastung** schwer zu erkennen – fast wie ein Nebel, der plötzlich um dich herum aufzieht. Hier möchte ich etwas Licht in diesen Nebel bringen. Wenn du neugierig bist, etwas mehr über das Zeichnen und Wahren dieser **Grenzen** zu lernen, bist du genau richtig. Denn die **Kunst** einer gesunden Freundschaft liegt nicht nur in gemeinsamen Momenten, sondern auch in der Fähigkeit, Distanz zu halten, wenn's nötig ist.

Du wirst sehen, wie **Balance** zwischen Nähe und Selbstschutz geschaffen werden kann, damit Freundschaften nicht eher zur Last als zur Stütze werden. Dieses Kapitel wird dir zeigen, wie du diese Balance für dich findest – ohne komplizierte Regeln, dafür aber mit etwas **Feingefühl** und ehrlicher **Selbstentwicklung**. Es geht darum, dass du lernst, deine eigenen Bedürfnisse wahrzunehmen und zu kommunizieren, ohne dabei deine Freunde vor den Kopf zu stoßen.

Mach dich bereit für einige Aha-Momente und praktische Tipps, die dir helfen werden, deine Beziehungen zu anderen auf ein neues Level zu heben. Lass uns gemeinsam herausfinden, wie du Freundschaften pflegen kannst, die dich wirklich erfüllen und nicht auslaugen.

Gesunde Grenzen in Freundschaften definieren

Gesunde Freundschaften brauchen klare **Grenzen**. Das ist nicht nur so dahingesagt, sondern echt wichtig. Denn Grenzen bringen **Sicherheit** und geben dir diese innere Gewissheit, dass du respektiert wirst. In gesunden Freundschaften verstehst du die Bedürfnisse und Wünsche deines Kumpels und er deine. Was wirklich zählt, ist, dass ihr ehrlich seid, wo die eigenen Linien verlaufen. Es geht darum zu wissen, wo Schluss ist. Und ja, darüber zu reden ist der Schlüssel.

Jetzt fragst du dich vielleicht, wie genau solche Grenzen aussehen. Sie können ganz verschiedene Dinge beinhalten. Zum Beispiel wie viel **Zeit** du in die Freundschaft investierst. Es ist völlig okay, wenn du mal keine Zeit hast und das auch sagst. Jeder von uns hat schließlich Phasen, in denen wir uns lieber zurückziehen oder andere Prioritäten setzen müssen – und das sollte auch so akzeptiert werden. Eine weitere wichtige Grenze kann darin bestehen, wie du über persönliche Themen sprichst. Manche Dinge möchtest du vielleicht nicht unbedingt teilen – das ist dein gutes Recht und sollte auch respektiert werden.

Aber Grenzen setzen bedeutet nicht nur "Nein" zu sagen. Es bedeutet auch, **ehrlich** zu sein. Du solltest ruhig deinem Kumpel mitteilen können, wenn dich etwas stört – das schafft Vertrauen. Denn eine Freundschaft, die auf solchen klaren Grenzen basiert, wird auf lange Sicht stärker, **Vertrauen** wächst, und vor allem entsteht ein tiefer Respekt. Klingt manchmal etwas theoretisch, aber diese Klarheit hilft, eine tiefe Verbindung zu schaffen, die jedem Raum gibt.

Mal angenommen, du verstehst also, was Grenzen sind und warum sie wichtig sind, wie kommst du ins Handeln? Der einfachste Ansatz ist, ein paar Grundlagen für gesunde Freundschaftsgrenzen im Alltag anzuwenden:

- Schaffe schon früh in der Freundschaft **Klarheit**. Bring es einfach im Gespräch an. Sag zum Beispiel, dass es dir wichtig ist, im Streitfall offen darüber zu reden oder dass du manchmal Zeit für dich brauchst und diese Momente akzeptiert werden sollen.

- Bleib bei dir selbst. Nimm deine eigenen Bedürfnisse und Gefühle ernst und unterdrücke sie nicht, um dem anderen zu gefallen. Wenn du versuchst, alles hinter einem Lächeln zu verstecken, wird die Freundschaft zwangsläufig leiden.

- Rede offen miteinander – ehrlich und direkt. Sprich auch mal darüber, wenn du dich verletzt gefühlt hast oder mit etwas nicht einverstanden bist. Über die Grenzen zu sprechen, bevor tatsächlich ein Problem entsteht, bewirkt Wunder.

- Hör zu. Besteh nicht stur darauf, dass alles nur so gemacht wird, wie du es willst, sondern respektiere deinen Kumpel genauso. Das ist kein Forderungskatalog, sondern eher ein strukturiertes "Gesprächsklima", wenn du so willst.

Alles in allem ist das Setzen von freundschaftlichen Grenzen kein egoistisches, sondern ein fürsorgliches Verhalten. Wir alle wollen doch **Freundschaften**, in denen wir uns frei und verstanden fühlen können. Ihren **Wert** erkennst du oft erst mit der Zeit so richtig – wenn klar ist, dass nicht nur Erwartungen kommuniziert, sondern gegenseitig respektiert werden. Dann weiß jeder, wo die Linie ist, und bleibt dort.

Ungleichgewichte in Freundschaften ansprechen

Kennst du das **Gefühl**, wenn du in einer Freundschaft merkst, dass irgendwas nicht stimmt? Vielleicht bist du immer derjenige, der sich meldet, die Treffen plant und organisiert, oder dessen Schulter zum Ausweinen bereitsteht, während die andere Person nie die gleichen

Anstrengungen unternimmt. In solchen Momenten kommst du ins Grübeln, ob dieses **Ungleichgewicht** nicht vielleicht an euren Grenzen liegt. Manchmal übernimmt jemand zu oft den aktiven Part in einer Freundschaft, während der andere sich mehr zurücklehnt und einfach nimmt, ohne viel zu geben. Manchmal ist das okay. Aber wenn das immer so ist, kann das ganz schön anstrengend werden.

Anzeichen von Ungleichgewichten in Grenzen zeigen sich oft dadurch, dass eine Person das Gefühl hat, sie sei für alles verantwortlich und ihre eigenen **Bedürfnisse** geraten in den Hintergrund. Vielleicht merkst du, dass du dich nach dem Treffen mit diesem Freund eher erschöpfter als aufgeladen fühlst. Oder es gibt diese Phasen, in denen du auf eine Rückmeldung oder Unterstützung wartest und sie einfach nicht kommt. Das alles sind Zeichen, dass etwas im Ungleichgewicht ist... und wo es Ungleichgewicht gibt, da gehören oft die Grenzen überprüft.

Wenn sich Dinge unausgewogen anfühlen, hilft es erstmal, innezuhalten und sich zu überlegen, was genau eigentlich das **Problem** ist. Hast du das Gefühl, dass du immer gibst und wenig zurückbekommst? Oder ist der Kontakt einfach nicht mehr so gut, weil eine Seite immer weniger dazu beiträgt? Ein simples "Na, wie geht's?" kann einen so unendlich großen Unterschied machen, dass es sich fast albern anfühlt, darüber sprechen zu müssen.

Jetzt stellt sich natürlich die Frage, wie du so ein **Gespräch** über Gegenseitigkeit und gegenseitigen Respekt anfängst. Ehrlich gesagt, das ist manchmal gar nicht so leicht, besonders wenn es sich um eine langjährige Freundschaft handelt, bei der sich alles "einpendelte." Ein guter Trick besteht darin, nicht mit Vorwürfen um die Ecke zu kommen. Sprich lieber in "Ich"-Botschaften, so dass dein Gegenüber nicht gleich in Verteidigungshaltung geht. Zum Beispiel: "Mir ist aufgefallen, dass...", "Ich habe das Gefühl, dass..." um das Thema zu eröffnen. Oft tun sich danach ganz neue Gesprächskanäle auf, und du merkst schneller als dir lieb ist, wie sehr deine Worte Echo finden. Viele Male übrigens ist der andere sich gar nicht bewusst, wie viel Ungleichgewicht da schon entstanden ist.

Gegenseitiger **Respekt** muss hier ganz oben stehen. Klar, vielleicht hilft solch ein Gespräch oft, aber was, wenn das Problem tiefer geht? Es gibt eine "Freundschafts-Neuausrichtung"-Technik und die kann wahre Wunder bewirken. Diese Technik zielt darauf ab, Ungleichgewichte auf sanfte Weise, aber konsequent anzugehen. Du sprichst zuallererst offen an, was deiner Meinung nach klemmt. Dann könntet ihr beide Dinge, die in eurer Freundschaft wichtig sind, benennen und darüber reflektieren. Nehmt Notizen, findet Gemeinsames, und sprecht – vor allem einmal ganz frei der Klischees – auch klar Unterschiede aus. Ihr könntet so auch Glück erleben, falls es kleine bis große Missverständnisse gab. Dieser Prozess bringt eine neue, klarere Qualität in eure Beziehung. Das Ziel: Ihr zentriert eure **Freundschaft** neu und schafft so nicht nur Selbsterkenntnis, sondern auch einen Gleichklang, der für beide zur Realität wird.

Diese Techniken können sehr wirksam sein. Ungerechte Freundschaftsstrukturen lassen sich durch Klarheit und Struktur überwinden. Am Ende jedoch, egal wie du es anpackst – schätze **Zusammenarbeit** deutlich: offen, nachdenklich und wohlwollend. So haben alle Parteien ihren nötigen Entfaltungsraum.

Grenzen setzen bei toxischen Freundschaften

Es kann schwer sein, **toxische Verhaltensweisen** in Freundschaften zu erkennen - manchmal sind sie subtil und schleichen sich nach und nach ein. Dir geht es vielleicht so: Du bekommst von einem Freund immer ein schlechtes Gefühl oder du fühlst dich nach Treffen ausgelaugt, bist aber nicht ganz sicher, warum das so ist. Toxische Freunde können manipulativ, egoistisch oder abwertend sein. Sie nehmen dir die **Energie**, treiben dich in den Wahnsinn oder spielen ständig emotionale Spielchen. Diese ständigen emotionalen Belastungen sind es, die eine Freundschaft toxisch machen. Und das Schlimmste daran? Du merkst es nicht sofort, weil diese Toxizität oft in ein freundliches "Mäntelchen" verpackt ist.

Aber warum sind solche Freundschaften so gefährlich? Weil sie dir einfach nicht gut tun, Punkt. Sie saugen deine Energie auf, bringen dich aus dem Gleichgewicht, lassen dich an dir selbst zweifeln oder drängen dich immer wieder in Situationen, in denen du dich unwohl fühlst. Es sind diese ständigen kleinen "Anstupser" der Toxizität, die sich über die Zeit in etwas Großes verwandeln, und bevor du es weißt, verlierst du den Spaß daran, Zeit mit dieser Person zu verbringen.

Grenzen sind hier der Schlüssel. Stell dir vor, du öffnest deinem toxischen Freund eine Tür - jedes Mal immer weiter. Irgendwann steht er mitten in deinem Wohnzimmer und du fragst dich: "Wie zum Teufel ist das passiert?". Grenzsetzungen sorgen dafür, dass diese Tür nur so weit offen bleibt, wie es für dich passt. Und das ist verdammt wichtig. Denn manchmal kannst du, aus welchen Gründen auch immer, diese Freundschaft nicht einfach so beenden, oder du möchtest es nicht. Grenzen helfen dir daher, zumindest deine eigene "Wohnung" sicher und geschützt zu halten.

Aber an diesem Punkt fragst du dich vielleicht, wie man Grenzen bei schwierigen Freunden setzt, ohne alles noch schlimmer zu machen. Klar, das ist nicht immer einfach. Trotzdem ist es unvermeidlich. Wenn ein Freund immer nur von sich redet und dich wie ein **Mikroskop** auf seine Themen richtet, ist das nervtötend. Setze hier eine klare Grenze. Diese kann zum Beispiel so aussehen: "Hey, mir ist aufgefallen, dass du oft über deine Probleme sprichst, aber meistens bleibt nicht wirklich Raum, mich auch zu äußern. Wie wäre es, wenn wir den Austausch auf ein ausgewogeneres Level bringen?" Es ist vielleicht nicht leicht, mit solch offenen Worten rauszukommen, dafür aber umso befreiender - wie einer, der nach langem Tauchen wieder Luft schnappt.

Am Ende des Tages geht es darum, deine **Bedürfnisse** zu erkennen und für sie einzustehen. Es ist wichtig, dass du lernst, **Nein** zu sagen und deine Grenzen klar zu kommunizieren. Denk daran: Eine gesunde Freundschaft basiert auf gegenseitigem Respekt und Verständnis. Wenn du merkst, dass deine Grenzen immer wieder überschritten werden, ist es vielleicht an der Zeit, die **Freundschaft** zu überdenken.

Setze dich hin und überlege dir, was du in einer Freundschaft brauchst und was für dich absolut nicht geht. Mach dir eine Liste, wenn es dir hilft. Und dann fang an, diese Grenzen Schritt für Schritt umzusetzen. Es wird sich am Anfang vielleicht komisch anfühlen, aber mit der Zeit wird es leichter. Und wer weiß? Vielleicht merkst du sogar, dass einige deiner Freunde positiv auf deine neuen Grenzen reagieren und eure Beziehung sich dadurch sogar verbessert.

Vergiss nicht: Du bist es wert, **respektvolle** und erfüllende Freundschaften zu haben. Lass nicht zu, dass toxische Beziehungen dein Wohlbefinden beeinträchtigen. Mit klaren Grenzen und offener Kommunikation kannst du deine Freundschaften positiv gestalten und dich selbst dabei schützen.

Freundschaften pflegen und gleichzeitig Grenzen wahren

Grenzen und Freundschaften - zwei Dinge, die auf den ersten Blick ziemlich gegensätzlich erscheinen. Aber sind sie das wirklich? Eigentlich können Grenzen eine **Freundschaft** nicht nur schützen, sondern auch vertiefen. Stell dir vor, du und dein Kumpel - ihr sprecht darüber, was okay ist und was nicht. Dadurch wird eure Beziehung viel klarer und ehrlicher. Echte **Freundschaften** überstehen es, wenn man sich traut, auch mal ein "Nein" zu sagen - oder ein "Ja", wenn es eben dazu passt. Grenzen geben dir die

Freiheit, authentisch zu sein. Sie machen klar, dass du dich selbst wertschätzt. Und wenn du dich selbst wertschätzt, dann erlebt auch dein Kumpel, was echte Achtung bedeutet. Krass, wie etwas, das auf Anhieb so abschreckend wirkt, so viel Potenzial haben kann.

Aber was ist mit dem Gleichgewicht? Zwischen Nähe und einem gewissen Maß an Distanz? Auch in engeren **Freundschaften** willst du offen sein können und gleichzeitig deine eigene Privatsphäre bewahren. Es braucht Feingefühl, da das rechte Maß zu finden. Eine Menge **Kommunikation** ist auch gefragt, damit ihr beide über etwaige Themen auf der gleichen Seite steht. Nimm's locker - manchmal heftig emotional oder zu persönlich zu werden, kann sogar einen Keil zwischen dich und deinen Kumpel treiben. Aber halten wir uns an eine goldene Regel: Ehrlichkeit. Mit Bedürfnis für Raum und Zeit sensibel umzugehen und trotzdem offen über eigene Grenzen zu sprechen, trägt wohl am meisten zur Erhaltung enger Freundschaften bei.

Es gibt durchaus Freundschaften, die jahrelang bestehen und dabei noch gedeihen, weil beide Seiten sich auf einer Wellenlänge befinden. Wie gehst du aber bewusst mit Freundschaften um, ohne sie zu vernachlässigen, aber eben mit dem Schutz, den richtige Grenzen bieten? "Bewusste **Freundschaftspflege** mit Grenzen" nennt man das. Es ist eine Art Ritual: Du bleibst offen, aber nicht bis zur seelischen Nacktheit. Halte die schönen Erinnerungen an gemeinsame Zeit wach - ein kurzer Anruf, eine nette Nachricht. Zeig **Interesse**, aber übe dabei keinen Druck aus. Es genügt oft, Präsenz zu zeigen - ohne dass du die Privatsphäre deines Kumpels oder deine eigene übermäßig beanspruchst.

Durch diese Pflege gepaart mit klaren, eigenen Regeln merkst du, wie erst echte, gesunde Verbindungen entstehen können. Dein Kumpel schätzt diesen positiven Abstand mehr, als wenn ihr ununterbrochen aufeinanderhockt oder du dauernd Hilfe leistest, auch wenn du eigentlich keine Zeit hast. Und damit schließt sich der Kreis: So wie du für dich selbst einstehen kannst und gesunde **Grenzen** setzt, genauso kann dein Kumpel es auch. Und am Ende habt ihr beide gewonnen - eine tiefere Freundschaft und zugleich Respekt füreinander - ohne in den Konflikt ungesunder Gewohnheiten zu geraten.

So, das war vielleicht eine kleine Runde vom Umgang mit Grenzen und Freundschaft - aber halt auch Tiefgang zum Nachdenken! Und es fühlt sich gut an, wenn du diese Dinge besser anpacken kannst, oder?

Praktische Übung: Bewertung von Freundschaftsgrenzen

In Freundschaften sollte immer ein gesundes Gleichgewicht herrschen. Eine Art Geben und Nehmen – aber manchmal merkst du, dass es vielleicht nicht so ganz passt. Lehn dich einfach mal zurück und denk nach. Wem in deinem Leben **schenkst** du am meisten Zeit? Wer sind deine wichtigsten Freunde? Schreib diese Namen auf und bewerte, wie gesund die Grenzen in diesen Beziehungen sind. Gib einfach von 1 bis 10 an, wie wohl du dich in diesen **Beziehungen** fühlst. Oft wird dir dein Bauchgefühl schon sagen, ob es irgendwo hakt.

Nachdem du eine kleine Einschätzung gemacht hast, ist es Zeit, die Lupe rauszuholen und etwas tiefer zu schauen. Jetzt geht's wirklich ans Eingemachte: Gibt es Probleme in diesen Freundschaften? Hast du vielleicht das Gefühl, immer derjenige zu sein, der sich meldet? Oder ständig dem Plan zustimmen zu müssen? **Identifiziere** jegliche Ungleichgewichte oder Frustrationen, die du hast. Schreib sie klar auf. Kennst du das, wenn du einmal "Ja" gesagt hast, obwohl du "Nein" meintest... und jetzt passiert das ständig? Diese kleinen Punkte können sich mit der Zeit aufbauen, und es wird Zeit, sie anzusprechen.

Aber was machst du jetzt mit dem, was du gefunden hast? Gute Frage. Jetzt kommt der Moment der Wahrheit: Wie kannst du das

verbessern, ohne dein Wohlbefinden zu opfern? Schreib für jedes Problem klare Grenzen auf, die du setzen oder verstärken möchtest. Angenommen, ein Kumpel verlangt immer, dass ihr euch nur bei ihm trefft, und das nervt dich? Dann notier dir, dass du Orte außerhalb seiner Bude vorschlagen willst. Einfach um ein bisschen **Ausgewogenheit** zu schaffen.

Es bringt natürlich wenig, alles nur aufzuschreiben, ohne zu wissen, wie du es umsetzen sollst. Deshalb geht es jetzt darum, einen Plan zu gestalten, wie du deinen Freunden diese Grenzen **mitteilen** möchtest. Überleg dir, wann und wie du das Gespräch führen willst - vielleicht beim nächsten Kaffee? Locker und ohne Vorwürfe. Es geht nicht darum, den anderen zu belehren, sondern einfach ehrlich zu zeigen, was du brauchst.

Jetzt hast du alles vorbereitet, aber wie gehst du das genau an? Setz dir selbst einen kleinen **Zeitrahmen**. Mach dir ein festes Datum im Kalender, wann du die Gespräche führen wirst. Danach kannst du die Entwicklungen beobachten und in einem halben Jahr alles nochmal neu bewerten. Haben sich die Beziehungen verbessert? Fühlen sich die Grenzen nun gesünder an? Es kann sich richtig gut anfühlen, Kontrolle über diese Vertrauensverhältnisse zu nehmen. Es geht nicht darum, Freundschaften loszulassen, sondern sie noch präziser zu unterstützen und möglicherweise sogar zu **vertiefen**.

Zum Schluss

In diesem Kapitel hast du dich intensiv mit den **Grenzen** in Freundschaften beschäftigt. Es ist essenziell, solche Grenzen zu erkennen, festzulegen und zu kommunizieren, um gesunde und vertrauensvolle **Beziehungen** zu pflegen. Dies schützt nicht nur dich, sondern stärkt auch das Band zwischen dir und deinen Kumpels.

Du hast erfahren:

- Wichtige Merkmale von Grenzen in gesunden Freundschaften

- Wie klare Grenzen Vertrauen und **Respekt** in Beziehungen fördern

- Anzeichen dafür, dass es in einer Freundschaft ein Ungleichgewicht gibt

- Den Umgang mit verletzenden Verhaltensweisen von schwierigen Freunden

- Wie Grenzen helfen können, Freundschaften nachhaltig zu stärken

Grenzen zu setzen ist nicht immer ein Kinderspiel, aber absolut notwendig für wohltuende **Freundschaften**. Dieses Kapitel bildet eine wertvolle **Grundlage**, um deine eigenen Grenzen besser zu verstehen und in der Praxis anzuwenden. Wenn du die **Prinzipien** umsetzt, die du hier gelernt hast, werden deine Freundschaften erfüllender und beständiger. Trau dich, deine **Grenzen** zu setzen, denn auch eine freundliche "Mauer" kann eine **Brücke** sein.

Kapitel 13: Grenzen aufrechterhalten und anpassen

Hast du jemals das Gefühl gehabt, dass deine **Grenzen** ein wenig ins Wanken geraten? Ich meine, als ob sie nicht mehr so klar sind wie früher? In diesem Kapitel möchte ich genau darauf eingehen - wie du diese Grenzen nicht nur **stabil** hältst, sondern auch **anpasst**, wenn das Leben seine Kurven wirft. Es ist nicht immer leicht, klar zu **definieren**, wo deine persönlichen Haltelinien liegen, und noch schwerer ist es, sie zu **verteidigen**, wenn sie mal überschritten werden.

Aber keine Sorge, es geht nicht nur darum, dich zu schützen. Es gibt auch Momente, die gefeiert werden können, wenn du merkst, dass deine Grenzen wirklich für dich **arbeiten**. Durch einige praktische Ansätze zuerst auszuprobieren, hoffe ich, dass du besser **vorbereitet** bist, um diese Hürden anzugehen. Bist du bereit, diesem **Abschnitt** näherzukommen?

Regelmäßige Grenzkontrollen

Du weißt, wie **wichtig** Grenzen im Leben sind, aber vielleicht fragst du dich, warum es so entscheidend ist, sie regelmäßig zu **überprüfen**. Ganz einfach: Grenzen, die einmal funktionieren, könnten in einer sich ständig verändernden Welt plötzlich unklar oder überflüssig werden. Es geht oft darum zu erkennen, ob die Grenzen, die du gesetzt hast, noch passen oder ob sie angepasst werden sollten. Manchmal verrutscht eine Grenze, ohne dass du es sofort merkst. Darum ist es wichtig, in regelmäßigen Abständen innezuhalten und dich zu fragen: Passt das noch für mich?

Aber was passiert genau, wenn du deine Grenzen **bewertest**? Dadurch kannst du herausfinden, ob deine Grenzen dich weiter in die Richtung führen, in die du gehen möchtest. Und, ob sie die gewünschte **Balance** in deinem Leben bewahren. Diese Bewertungen bieten dir auch die Möglichkeit, herauszufinden, wann du vielleicht zu hart zu dir selbst warst. Oder ob du dich in bestimmten Bereichen zu sehr zurückgehalten hast. Du kannst erkennen, wenn du durch deine tapsigen oder unklaren Grenzen in **Beziehungen** vielleicht nicht das erreicht hast, was du wolltest.

Von hier aus wird der Prozess einer regelmäßigen Überprüfung zu deinem mächtigen Werkzeug – dafür, wie du dein Gleichgewicht und deine Ziele definiert hältst.

Jetzt fragst du dich möglicherweise, wie das abläuft. Ein regelmäßiges persönliches Grenz-Audit durchzuführen, klingt vielleicht kompliziert, aber keine Sorge – ist es nicht. Nimm dir einfach Zeit für **Selbstreflexion**. Vorstellungen, was funktioniert und was nicht funktioniert, sind der Schlüssel.

Es hilft, dabei einige wesentliche Fragen zu stellen - solche, die dich wirklich ins Nachdenken bringen. Wie hast du dich in deinen jüngsten Interaktionen gefühlt? Haben sich deine Grenzen in einem bestimmten Bereich schwach oder zu starr angefühlt? Gibt es schon lange schwelende Probleme, um die du dich nicht gekümmert hast, weil die Grenzen unklar waren? Auch Erfolge zählen: Wo hat eine gesetzte Grenze wirklich dazu beigetragen, dass du dich sicher und respektiert fühlst?

Diese einfachen Fragen tragen dazu bei, **Klarheit** zu schaffen. Sie helfen dir dabei, zu bestimmen, wo du dich anpassen musst, um Fallstricke zu vermeiden oder neue Chancen besser zu nutzen.

Aber reflektieren allein reicht nicht. Es ist genauso wichtig, diese Kontrollen und den Anpassungsprozess leicht pflegbar zu halten. Wenn sie verkompliziert oder überwältigend sind, machst du sie einfach nicht regelmäßig. Deshalb empfehle ich die Idee einer monatlichen **Grenzüberprüfung**.

Vielleicht, ganz simpel, stellst du dir schon zu Monatsbeginn einen festen Termin – eine halbe Stunde oder so, die nur dir und deinen Grenzen gewidmet ist. Ohne Ablenkung. Mach es dir gemütlich an einem Ort, wo du dich wohlfühlst, und geh alle deine wichtigen Beziehungen durch: berufliche, private, und die mit dir selbst. Halte Ausschau nach Entwicklungen, die vielleicht anzeigen, dass Grenzen aus der Balance geraten. Waren gewisse Erwartungen zu hoch? Oder hast du irgendwo zu lange stillgehalten und irgendetwas akzeptiert, das dir ungerecht erschien?

Die Struktur "Monatliche Grenzüberprüfung" hilft dir nicht nur, sondern hält die Dinge einfach und nachhaltig. Achte darauf, dass du wirklich anpasst, was abgestimmt gehört. Dabei geht's weniger darum, einmal Grenzen zu ziehen und dann, blubb, abzutauchen. Sondern stetige Pflege bedeutet, im Fluss der Dynamik des Lebens up to date zu bleiben.

Wenn du diese Routine in deinem Kalender installierst, nimmst du dein Design eines gesunden und ausbalancierten Lebens selbst in die Hand. Du bleibst flexibel und passt dich an, während du gleichzeitig deine Kernwerte und Ziele im Blick behältst. So stellst du sicher, dass deine Grenzen dir weiterhin dienen und nicht zu Hindernissen werden.

Grenzen anpassen, wenn sich das Leben verändert

Das **Leben** ist ständig im Fluss und bringt immer wieder **Veränderungen** mit sich. Wichtige Ereignisse wie eine Geburt, ein neuer Job, das Ende einer Beziehung oder der Umzug in eine andere Stadt – all das kann bedeuten, dass du die persönlichen **Grenzen**, die du dir gesetzt hast, überdenken musst. Es wäre so, als würdest du einen alten Mantel anziehen, der nicht mehr ganz passt, weil du dich verändert hast. Was früher gepasst hat, muss nicht mehr für heute richtig sein. So ist es auch mit den Grenzen.

Mit jeder großen Veränderung, die das Leben dir zuwirft, wächst auch die Notwendigkeit, deine eigenen Regeln und Grenzen zu überprüfen. Denn vielleicht brauchst du mehr Raum oder Schutz, oder vielleicht ist es Zeit, Grenzen zu lockern, weil du dich sicherer oder gefestigter fühlst.

Um bestehende Grenzen anzupassen, brauchst du zunächst ein wenig Ruhe und **Selbstreflexion**. Es ist wichtig, dir Zeit zu nehmen und in dich zu gehen, um herauszufinden, wo deine eigenen Bedürfnisse jetzt liegen. Stell dir vor, deine Grenzen wären wie ein Gartenzaun. Ist er noch stabil? Schützt er noch das, was für dich wichtig ist? Oder gibt es Stellen, die wackeln und wo vielleicht ein neuer Bretterzaun hinmüsste? Während des Reflektionsprozesses geht es darum, ehrlich mit dir selbst zu sein und dich zu fragen, was dir gut tut und was dich vielleicht belastet.

Manchmal führen Anpassungen an Grenzen auch zu herausfordernden **Gesprächen** mit anderen. Das kann unangenehm sein, aber wie soll jemand wissen, dass sich bei dir was geändert hat, wenn du nichts sagst? Der Arbeitskollege, der immer wieder nach Feierabend anruft, deine Schwester, die unangekündigt vor der Tür steht, oder der Freund, der jedes Wochenende mit einem bestimmten Plan ausschweift – das sind Momente, in denen es nötig wird, klar zu sagen, dass sich deine Grenzen verändert haben.

Dann gibt es natürlich noch die **Übergänge** im Leben, bei denen Grenzanpassungen fast Pflicht sind. Das waren wir ja eben schon durch. Aber mal ehrlich, manchmal ist es eine Zerreißprobe, weil man sich unsicher ist, wie man das Elementare verändern soll, was bisher das eigene Leben ausgemacht hat.

Denn du weißt, solche Übergänge haben ihre eigenen **Herausforderungen**. Manchmal sind sie sofort als Wendepunkt erkennbar und manchmal erlebst du erst im Nachhinein die Auswirkungen. Wenn ein Übergang begonnen hat – nehmen wir zum Beispiel einen Karrieresprung mit noch mehr Verantwortung – dann kannst du entweder an den alten Grenzen festhalten und damit riskieren, dass du dich selbst überforderst, oder du überlegst dir klug, wo es notwendig ist, Freiräume zu schaffen. Es könnte auch einfach bedeuten, Dinge auf den Prüfstand zu stellen, die früher als unverrückbar galten.

Das Schöne ist, wenn du merkst, dass solche Grenzanpassungen nicht nur Sinn machen, sondern unglaublich befreiend sein können. Du trennst dich von Altem, um Raum für Neues zu schaffen, das dich weiterbringt. Jedem Anfang wohnt ein Zauber inne, oder? Altes loslassen, neue Grenzen setzen – stärker, rücksichtsvoller, passgenauer aufs Leben.

Grenzanpassung bei Lebensübergängen funktioniert dann am besten, wenn du dir wirklich erlaubst, diese eigenen Richtlinien fließen zu lassen und absolut ehrlich zu dir selbst bist. Das Leben bleibt ja bekanntlich nicht stehen! **Flexibilität** und **Bewusstsein** helfen, dass du die neuen Setzungen nicht als Last empfindest, sondern dass sie dir Schutz und Stabilität in einem wandelnden Leben bieten. Und hey – wenn es gut läuft – wirst du feststellen, dass deine inneren Mauern plötzlich mehr wie flexible Markierungen sind. Sie schieben sich sanft an, statt starr und unnachgiebig zu bleiben. Und das ist dafür gemacht, dass du in Zeiten neuer Herausforderungen ganz leicht und mühelos steuern kannst.

Grenzen nach Verletzungen neu aufbauen

Manchmal passiert es, dass jemand über deine **Grenzen** hinweggeht und du das vielleicht nicht einmal sofort merkst. Das geschieht schneller, als du denkst. Vielleicht hast du das Gefühl, dass etwas nicht stimmt, kannst es aber noch nicht genau fassen. Meistens zeigt es sich durch ein unangenehmes Gefühl der **Verletzung** oder Unbehagen. Diese Signale solltest du nicht ignorieren. Es ist wichtig, dass du dich traust, solche Momente anzusprechen.

Es kann schwierig sein, Grenzverletzungen offen zu thematisieren, besonders wenn du den anderen nicht verletzen möchtest. Hier hilft es, ruhig und ohne Vorwürfe zu sprechen. Sag einfach, was du fühlst – „Ich fühle mich unwohl, wenn..." oder „Mir ist aufgefallen, dass..." – und halte es simpel. Mach es dem anderen leicht, deine Position zu verstehen, ohne dass er sich angegriffen fühlt. Das nimmt oft den Druck raus und sorgt schon mal für einen besseren Einstieg in das **Gespräch**.

Wenn das geschafft ist, steht natürlich die Frage im Raum, wie du mit so einer Verletzung umgehst. **Vertrauen** wiederherzustellen, ist ja kein simpler Knopfdruck. Schau, Vertrauen braucht Zeit und zeigt sich in kleinen Schritten. Vielleicht möchtest du, dass der andere sich entschuldigt – das ist schon mal ein guter Anfang. Aber auch das **Verhalten** des anderen wird eine Rolle spielen. Ein einfaches „Ich werde dich berücksichtigen, hab ich versprochen" muss von Taten begleitet sein.

Verhalten musst du dir nämlich anschauen. Worte sind leicht gesagt, aber das Verhalten nach der Begrenzung ist entscheidend. Schau also genau hin, wie sich die Person nach dem Gespräch verhält. Bleibt sie respektvoll oder lässt sie die Sache noch mal geschehen? Es geht nicht darum, den anderen zu ständigem Beweisdrang zu drängen, sondern dein Gefühl des Vertrauens wieder Stück für Stück wachsen zu lassen.

Wie stabilisierst du die Situation wiederum langfristig? Da kommt ein Plan zur **Grenzrekonstruktion** ins Spiel. Dieser Plan hilft dir, dich selbst zu schützen und nicht in alte Muster zurückzufallen.

- Bestimme zunächst, was du wirklich aus dieser Beziehung willst. Möchtest du einfach, dass der andere deine Grenzen respektiert, oder gibt es noch tieferliegende Wünsche und Bedürfnisse?

- Setze konkrete Maßnahmen für den Fall, dass Grenzen überschritten werden. Was machst du, wenn der andere wieder über die Stränge schlägt? Kannst du das klar kommunizieren, sodass alle Beteiligten wissen, was passiert?

- Öffne dich für neue Regelungen, falls es nötig wird. Manchmal merken beide Seiten, dass spezielle „Regeln" aufgestellt werden müssen, um solch eine Grenze zu respektieren.

Locker lass es aber nicht. Je deutlicher und einfacher du darstellst, welche **Konsequenzen** solch ein Verhalten mit sich bringt, desto mehr Sicherheit baust du auf – sowohl für dich als auch für den, der die Grenzen übertreten hat.

Es ist okay, wenn dieser Plan nicht über Nacht alles repariert. Aber wenn du geduldig bist und dran bleibst, werden nicht nur deine Grenzen, sondern auch das Vertrauen umso stabiler und beständiger. Nur so gelingt es dir, nicht in alte Muster zu fallen und schlechtere Ergebnisse zu akzeptieren.

Erfolge bei Grenzen feiern

Manchmal **vergisst** du, wie wichtig es ist, deine eigenen Fortschritte zu erkennen. Vor allem, wenn es darum geht, eigene **Grenzen** zu setzen und sie zu schützen. Aber denk mal kurz nach. Als du zum ersten Mal Nein gesagt hast, wo du normalerweise Ja gesagt hättest – wie hast du dich gefühlt? Stolz, oder? Ein bisschen stark vielleicht, so als hättest du schon ein Stück **Kontrolle** über dein Leben zurückerobert. Das Feiern solcher Momente stärkt nicht nur dein Selbstvertrauen, sondern hilft auch dabei, diese neuen Grenzen fest in deinem Alltag zu verankern.

Sieh es so: Jeder kleine **Erfolg** zählt. Du könntest daran denken, dass dies wie Bauklötze sind. Setzt du jeden neuen Baustein, steigert sich dein Vertrauen, und du wirst immer besser darin, deine Bedürfnisse klar zu kommunizieren. Erfolg führt zu mehr Erfolg. Sobald du diese kleinen Siege erkennst und feierst, fängst du an, bewusster darauf zu achten, wann und wie du deine Grenzen setzt.

Aber warum ist es überhaupt wichtig, das zu tun? Ganz einfach – Gleichgültigkeit bewirkt das Gegenteil. Du könntest dir denken: „Oh, das war ja nur eine kleine Sache" oder „Das passiert doch immer." Doch wenn du solche Momente übersiehst, untergräbt das dein Vertrauen in deinen eigenen Prozess.

Jetzt denk darüber nach – was, wenn du die Erfolgsmomente feierst? Es verstärkt deine **Motivation**! Manchmal braucht es ganzheitliches Denken, um dich an die Wirkung deiner Entscheidungen zu erinnern. Wenn du diesen Momenten bewusst Beachtung schenkst, versetzt dich das mental in eine stärkere Position. Die Erfolge sind buchstäblich die Brücken, die dich in die Lage versetzen, deine Grenzen nachhaltig zu wahren.

Genau hier kommt das „Grenzen-**Erfolgsprotokoll**" ins Spiel. Dieser praktische Ansatz hilft dir, deine Fortschritte zu verfolgen und die kleinen Siege nicht zu übersehen. Du könntest dir dafür ein kleines Notizbuch anlegen oder einfach eine Liste führen. Darin schreibst du jedes Mal auf, wenn du es geschafft hast, bewusst eine Grenze zu setzen. War es schwierig? Hat es sich gelohnt? Diese Sätze brauchen gar nicht lang zu sein. Die Hauptsache ist, dass du dir Zeit nimmst, sie festzuhalten. Vielleicht waren es nur fünf Minuten in einer misslichen Situation – aber hey, es hat geklappt!

Und stell dir mal vor... Einige Wochen später kannst du dein Protokoll durchblättern und siehst diese Liste all deiner Erfolge. Spürst du schon das Grinsen auf deinem Gesicht? Genau das macht deinen Weg leichter, auch in schwierigen Situationen nicht an dir zu zweifeln. Dieses kleine Ritual, diese einfache Handlung, könnte sich als wertvoller Begleiter erweisen.

Zusätzlich enthält das Grenzen-Erfolgsprotokoll eine kleine Fußnote an dich selbst: Was hast du damit erreicht? Vielleicht ist es ein erfüllenderes, weniger gestresstes **Leben** oder einfach nur die Freude über den von dir verteidigten Raum. Das spornt dich an, weiterzumachen. Denn hier geht es nicht nur darum, was auf dem Papier steht, sondern was es für deinen Alltag bedeuten kann.

Fang einfach an – in kleinen, bewussten Schritten. Das **Feiern** deiner Erfolge wird irgendwie zu einem integralen Bestandteil deines Lebens und hilft dir, dauerhafte und gesunde Grenzen zu etablieren.

Praktische Übung: Erstellen deines Plans zur Grenzsetzung

Zuerst ist es wichtig, dass du deine eigenen **Grenzen** in verschiedenen Lebensbereichen klar erkennst. Sei es bei der **Arbeit**, in der Familie, in Freundschaften oder in der Freizeit – es gibt viele Bereiche, in denen du deine Grenzen setzen kannst und solltest. Nimm dir die Zeit, um eine Liste zu erstellen, die jeden dieser Bereiche abdeckt. Vielleicht merkst du, dass dir bestimmte Grenzen sofort einfallen, während du bei anderen etwas länger überlegen musst. Aber das ist völlig okay! Konzentriere dich vorerst auf das, was dir am wichtigsten erscheint. Welche Grenzen willst du in der Arbeit setzen? Wo brauchst du Abstand in der Familie? Wie fühlen sich deine Beziehungen an? Es hilft manchmal, diese Bereiche direkt aufzuschreiben – mach dir einfach Gedanken darüber, welches Verhalten für dich in jedem dieser Bereiche akzeptabel ist und was dir zu weit geht.

Nachdem du deine Grenzen klargestellt hast, möchte ich, dass du in Schritten denkst. Wie könnte es zu **Problemen** kommen, diese Grenzen einzuhalten? In jedem Lebensbereich kannst du auf Hindernisse stoßen. Vielleicht ein Kollege, der immer mehr Arbeit auf deinen Schreibtisch schiebt. Oder eine Familie, die nicht versteht, dass du Raum für dich brauchst. Diese Herausforderungen kannst du ziemlich genau identifizieren. Denk darüber nach – wo könnten deine klaren Grenzen geschwächt werden? Welche Erwartungen der anderen setzen dich unter Druck? Hier geht es gerade um Ehrlichkeit dir selbst gegenüber, denn wenn du die Herausforderungen erkennst, kannst du auch Maßnahmen treffen, um sie zu bewältigen.

Okay, gehen wir weiter. Jetzt, in den nächsten Schritten, geht es nicht nur darum, Herausforderungen einfach nur wahrzunehmen, sondern **Lösungen** zu finden. Stell dir jede Schwierigkeit vor ... wie gehst du damit um? Denk daran, dass du Strategien brauchst, die sich im Alltag umsetzen lassen. Dazu gehört eventuell, dass du klarer und selbstbewusster kommunizierst oder öfter Nein sagst, wenn dein Bauchgefühl es dir rät. Vielleicht ziehst du dich auch zurück, wenn du merkst, eine Grenze droht überschritten zu werden. Jede **Strategie**, die du entwickelst, sollte deine Grenzen schützen und dir helfen, dieses Maß an persönlichem Wohlbefinden beizubehalten, das du brauchst.

Ein weiterer wirklich wichtiger Punkt... der **Zeitplan**. Nein, es handelt sich hier nicht um eine einseitige Geschichte. Deine Bedürfnisse ändern sich, das tust du auch, und ja – auch deine Grenzen. Du musst ein System entwickeln, wie und wann du überprüfen kannst, ob deine Grenzen noch funktionieren oder ob sie einer Anpassung bedürfen. Hier könnte ein monatlicher Check-in mit dir selbst helfen, bei dem du darüber nachdenkst: Wie läuft's gerade? Wurde eine Grenze missachtet oder brauchst du vielleicht mehr Freiheit in einem bestimmten Bereich? Nimm dir einen Moment, um ehrlich darüber nachzudenken.

Zum Abschluss gehört dazu auch ein **Belohnungssystem**. Es ist nicht leicht, Grenzen zu setzen und einzuhalten, und es sollte auch nicht als selbstverständlich angesehen werden. Du fragst dich vielleicht, wieso das wichtig ist? Weil Anerkennung **Motivation** gibt und daran erinnert, dass deine Grenzen wertvoll sind. Denk mal nach, was würde dich für einen Moment echt glücklich machen? Sei es ein kleines Geschenk, etwas Zeit für dich, oder vielleicht einfach das Genießen deines Lieblingsessens. Lerne, dich selbst zu belohnen, für all deine harte Arbeit und all die Erfolge bei der Grenzsetzung.

Zusammengefasst tauchst du also in diesen Prozess ein – sorge dich gut um deine Grenzen, passe sie regelmäßig an und schütze sie gut. So **entwickelst** du einen Plan, der dir hilft, deine persönlichen Grenzen zu respektieren und zu bewahren.

Zum Schluss

In diesem Kapitel hast du gelernt, wie **wichtig** es ist, deine individuellen **Grenzen** regelmäßig zu überprüfen und anzupassen. Dabei hast du gesehen, dass äußere Veränderungen oder auch Verletzungen der Grenzen besondere **Aufmerksamkeit** verlangen. Nur so können deine Grenzen stabil und funktional bleiben – ein wichtiger Schritt für ein gesünderes Zusammenleben und starke zwischenmenschliche **Beziehungen**.

Folgende Punkte fassen die wesentlichen Erkenntnisse des Kapitels zusammen:

• Du solltest immer mal wieder innehalten und dir deine eigenen Grenzen bewusst machen.

• Große **Veränderungen** oder Meilensteine in deinem Leben sind oft Zeiten, in denen du deine Grenzen neu ausrichten musst.

• Wenn deine Grenzen überschritten werden, solltest du rechtzeitig handeln und notwendige Maßnahmen zur Wiederherstellung der Balance treffen.

• Deine Fortschritte im Setzen und Bewahren von Grenzen verdienen **Anerkennung** und sollten gefeiert werden.

- Die aktuellen **Werkzeuge**, die wir im Kapitel behandelt haben, können dir helfen, deine Grenzen dauerhaft stabil zu halten und rechtzeitig anzupassen.

Nimm diese Erkenntnisse zu **Herzen** und nutze sie in deinem Alltag. So stellst du sicher, dass deine Grenzen dich schützen, unterstützen und echte Harmonie in deinem Leben und mit anderen ermöglichen. Geh mit Energie voran, Kumpel!

Zum Abschluss

Der **Hauptpunkt** dieses Buches war es, dir Werkzeuge und Techniken an die Hand zu geben, um gesunde **Grenzen** in deinem Leben zu setzen und deine Entscheidungen - ob „Ja" oder „Nein" - bewusst und ohne Schuldgefühle zu treffen. All das zielte darauf ab, dich von jeglichem Unbehagen zu befreien, das mit der Pflicht einhergeht, sowohl Klarheit gegenüber dir selbst als auch Respekt für dich und andere zu entwickeln.

Wenn du dich an jeden Kapitelinhalt erinnerst, wirst du sicherlich ein umfassendes **Verständnis** darüber haben, wie wichtig gesunde Grenzen für dein persönliches **Wachstum** sind. Der Aufbau dieser Grenzen beginnt mit einem Bewusstsein für deine persönlichen Werte, dem Erkennen deiner Bedürfnisse und einem starken Selbstwertgefühl. Zusätzlich hast du gelernt, wie sich diese Grenzen auf deine **Beziehungen** auswirken und wie du psychologische Barrieren aus Kindheitserfahrungen überwinden kannst. Das Wissen über verschiedene Arten von Grenzen - seien es physische, emotionale, mentale oder solche bezüglich Zeit und Energie - bildet ein solides Fundament für deine Grenze-Setzung. Dabei solltest du die Gesetze von „Säen und Ernten", Verantwortung, Macht und Respekt in deinem Leben anwenden.

Du hast erfahren, wie kraftvoll ein „Nein" sein kann, wenn du es klar und ohne Schuldgefühle einsetzt. Weiterhin ist es entscheidend, Grenzen effektiv zu **kommunizieren** und konsequent einzuhalten. Durch das Etablieren dieser Grenzen wird gegenseitiger Respekt gefördert, was allen deinen Beziehungen zugutekommt. Egal, ob du Grenzen in familiären, romantischen Beziehungen, am Arbeitsplatz oder in Freundschaften setzt - die Prinzipien bleiben stets ähnlich.

Zum Schluss wirst du ermutigt, regelmäßig zu überprüfen, anzupassen und deine **Fortschritte** zu feiern.

Wenn du nun all diese Konzepte im Alltag anwendest, wirst du feststellen, dass dein Leben zunehmend unter deiner **Kontrolle** ist. Konsequente Grenzsetzung ermöglicht dir, mehr Zeit und Energie für deine wirklichen Prioritäten zu haben, schafft Klarheit in all deinen Beziehungen und stärkt dein Selbstwertgefühl. Du wirst deinen Platz im Leben finden, an dem du dich respektiert fühlst und Klarheit darüber hast, was du wirklich möchtest – und das, ohne dich schuldig zu fühlen.

Falls du weitere Informationen benötigst oder tiefer in die Materie einsteigen möchtest, schau hier vorbei:

https://pxl.to/LoganMind

Werde Teil meines Rezensionsteams!

Vielen Dank, dass du mein **Buch** liest. Es ist großartig, dass du dabei bist, und ich hoffe, dass dir meine **Geschichten** gefallen. Deine **Meinung** bedeutet mir sehr viel, und ich freue mich, sie von dir zu hören!

Wenn du begeisterter **Leser** bist und Lust hast, meine zukünftigen Bücher vor allen anderen zu lesen, dann lade ich dich ein, Teil meines **Rezensionsteams** zu werden. Als Mitglied meines Rezensionsteams erhältst du kostenlos **Vorabexemplare** (ARCs) meiner Bücher. Alles, was ich im Gegenzug möchte, ist ehrliches **Feedback**. Deine Rezension hilft nicht nur anderen Lesern bei ihrer Entscheidung, sondern unterstützt mich auch dabei, mich weiterzuentwickeln und immer bessere Geschichten zu schreiben.

Schritte, um beizutreten:

• Klicke auf den Link unten, um zur Anmeldeseite zu gelangen.

• Fülle das kurze Formular aus, um dich zu registrieren.

• Sobald ein neues Buch verfügbar ist, wirst du benachrichtigt und bekommst es vor allen anderen!

Nutze die Gelegenheit, Teil dieses exklusiven Teams zu werden!

Schau dir das Team über diesen Link an:

https://pxl.to/loganmindteam

Hilf mir!

Wenn du den letzten Satz gelesen hast, bitte ich dich herzlich um deine Unterstützung.

Als unabhängiger Autor **träume** ich davon, meine Worte in die Welt hinauszutragen und Menschen mit meinen Geschichten zu **berühren**. Deine Meinung zählt – und sie könnte den **Unterschied** für den nächsten Leser machen, der auf dieses Buch stößt.

Wenn du **zufrieden** warst, hinterlasse bitte eine ehrliche Bewertung. Deine Worte sind Gold wert und es dauert nur wenige Sekunden. Doch für mich und zukünftige Leser macht es einen unglaublichen Unterschied.

Hast du **Vorschläge** oder Feedback? Dann zögere nicht, mich direkt zu kontaktieren. Deine Ideen helfen mir, mich stetig zu **verbessern** und Inhalte zu schaffen, die für dich noch wertvoller sind.

Bitte besuche den untenstehenden Link oder scanne den QR-Code, um deine Bewertung zu hinterlassen. Es ist so einfach, aber für einen **Autor** wie mich hat es einen enormen Wert.

Besuche diesen Link, um ein Feedback zu hinterlassen:

https://pxl.to/11-tpob-lm-review

www.ingramcontent.com/pod-product-compliance
Lightning Source LLC
Chambersburg PA
CBHW050238120526
44590CB00016B/2142